Autoren

Jürgen Bauer
Egbert Hayessen

100 Produktions-kennzahlen

D1664426

1. Auflage 2009
© cometis publishing GmbH & Co. KG, Unter den Eichen 7, 65195 Wiesbaden.
Alle Rechte vorbehalten.
Cover: cometis publishing GmbH & Co. KG

Anmerkung:
Die Erläuterungen und Interpretationen der einzelnen Kennzahlen geben zum Teil die persönliche Einschätzung der Autoren wieder. Trotz sorgfältiger Recherche und Prüfung der Inhalte kann eine Garantie oder Haftung für die Richtigkeit oder Vollständigkeit nicht übernommen werden.

ISBN 978-3-940828-57-6

Vorwort

Liebe Leser,

der Produktion kommt im Streben nach Wettbewerbsfähigkeit und Profitabilität des Unternehmens eine herausragende Rolle zu. Hoher Kapitalbedarf, komplexe Fertigungsstrukturen, Sicherung des Know-hows, hoher technologischer Fortschritt, Integration in überbetriebliche Prozessketten und die Ansprüche sich rasch wandelnder Märkte stellen hohe Anforderungen an das Produktionsmanagement und das Controlling. Kennzahlen werden hier zu unentbehrlichen Orientierungsgrößen und dienen in Form von Prozess-Benchmarks als Grundlagen von Abweichungsanalysen und als Planungsvorgaben für die zukünftige Entwicklung. Die im Produktionsmanagement lange geübte Fokussierung auf Produktivität und Kostensenkung (Prozesszentrik) genügt diesen Ansprüchen nicht mehr.

Produktionsmanagement und Produktionscontrolling benötigen vielmehr Kennzahlen, die sowohl den finanziellen Aspekt produktionsbezogener Aktivitäten als auch deren erhebliche Außenwirkung gegenüber Kunden und Lieferanten abbilden. Nicht zu vernachlässigen ist ferner der vom Produktionspersonal getriebene innovative Beitrag zur Unternehmensentwicklung wie auch der Beitrag einer leistungsfähigen IT-Struktur zum Reengineering der Geschäftsprozesse.

Ein solchermaßen integrativer Ansatz ist das Leitbild des vorliegenden Kennzahlenführers. Deshalb wird auf die bewährte Methode der Balanced Scorecard (BSC) als Strukturschema zurückgegriffen und die Kennzahlen werden in die vier Perspektiven der BSC zu gegliedert.

Um Kennzahlenfriedhöfe zu vermeiden, erfordern praktikable Kennzahlen eine Hierarchie. Dieser Führer unterscheidet demzufolge Schlüsselkennzahlen (Key Performance Indicators, kurz KPI), die Vorrang haben vor weniger bedeutsamen Kennzahlen (Performance Indicators, kurz PI). Diese werden durch folgende Symbole in der Fußzeile gekennzeichnet: **KPI** **PI**

Die getroffene Unterscheidung mag zu Diskussionen Anlass geben, orientiert sich aber weitgehend an der Controllingpraxis.

Strategische und operative Maßnahmen werden aus Kennzahlenwerten abgeleitet. Um dem Leser Hinweise zu geben, sind deshalb zu den Kennzahlen häufig praktizierte Aktivitäten als Schlagworte aufgeführt. Sie sind keinesfalls vollständig, der Leser wird hier aus eigener Erfahrung Handlungsalternativen finden.

Rentabilitäts- und Profitabilitätskennzahlen (z. B. Ergebnis, Cashflow, Deckungsbeitrag) sind in der Produktion nur eingeschränkt verwendbar, da hier selten

Vorwort

absatzbestimmte Leistungen erstellt werden. Dennoch versucht man heute mit dem Profit-Center-Ansatz, die Leistung durch Verrechnungspreise oder auch durch Zielpreise (Target Prices) zu bewerten. Dies wird auch im vorliegenden Kennzahlenführer praktiziert. Dadurch sind wichtige finanzielle Wirkungen produktionsorientierter Maßnahmen quantifizierbar, die reine Kostenzentrik ist damit aufgebrochen. Die Praktikabilität finanzieller Kennzahlen in der Produktion bedarf dann allerdings einer Anpassung der Kennzahlen: Ergebnis- und Cashflowkennzahlen sind nach indirekten Methoden vorwiegend aus der Kosten- und Leistungsrechnung abzuleiten.

Die aufgeführten Kennzahlen sind mit Beispielen unterlegt. Dazu wird eingangs der Datenrahmen eines Beispielunternehmens (Getriebefertigung) dargestellt, auf den diese Beispiele zugreifen. Die darin enthaltenen Tabellen sollen dem Leser die Ermittlung von Kennzahlen erleichtern, stellen aber auch ein ausbaufähiges Datengerüst für dessen eigenes Unternehmen dar. Der dargestellte Datenrahmen kann nicht erschöpfend dargestellt werden. Annahmen und offenbleibende Fragen sind deshalb nicht ausgeschlossen, sollten jedoch dem Produktionscontroller keine Probleme bereiten.

Kennzahlen können unterschiedlich konfiguriert werden: als Einzel-, Gruppen- oder Durchschnittswerte. Unterschiedliche Granularitätsausprägungen können vom Anwender leicht vorgenommen werden. Variiert werden kann auch die Basis einiger Kennzahlen: Ob Kosten auf die Fertigungsstunde, die Mengeneinheit oder anteilig auf die Selbstkosten bezogen werden, bleibt dem Bedarf des Lesers im speziellen Anwendungsfall überlassen.

Das moderne Controlling bedient sich leistungsfähiger IT-Systeme zur Kennzahlenermittlung und -analyse. ERP-Systeme und Data Warehouses bieten interessante Möglichkeiten zur Auswertung von Prozessdaten. Hier wird kurz auf die Anwendung dieser Systeme zur Kennzahlengenerierung verwiesen.

Kennzahlen im Produktionsmanagement bilden Schnittmengen zu anderen Bereichskennzahlen. Deshalb beschränkt sich der Führer nicht auf die Produktion. Dem Leser werden dazu die bewährten cometis-Nachschlagewerke in den angrenzenden Bereichen Logistik, Personal und Finanzwesen nahegelegt.

Prof. Jürgen Bauer   Prof. Dr. Egbert Hayessen

PS: Mailen Sie Ihre Kommentare und konstruktive Kritik:
produktionskennzahlen@cometis.de

Inhaltsverzeichnis

Inhaltsverzeichnis

Inhaltsverzeichnis

Inhaltsverzeichnis

Kapitel 1

Performance Excellence Produktion

1.1 Erfolgspotenziale im Produktionsmanagement

Die Produktion sieht sich heute mit neuen und rasch wechselnden Herausforderungen konfrontiert. Die statische, abgegrenzte Stellung der Produktion im Funktionsspektrum des Unternehmens mit klar definierten Abteilungsgrenzen ist überholt. Inner- und außerbetriebliche Standortkonkurrenz, neue reale und virtuelle Unternehmensstrukturen, sich verändernde Strategien, die zunehmende Internetfokussierung der Geschäftsprozesse, Out- und Insourcing von Prozessen, die B2B-Kommunikation mit Geschäftspartnern und Entwicklungskooperationen kennzeichnen die aktuellen Herausforderungen.

Gleichzeitig ist eine zunehmende Ökonomisierung im Produktionsmanagement zu konstatieren. Die Aktivitäten der Planungsinstanzen in der Produktion sehen sich immer stärker mit wirtschaftlichen und finanziellen Kriterien konfrontiert. Treffend dazu ist die Aussage von Kaplan / Norton: »... doing the same job over and over, at the same level of efficiency and productivity, is no longer sufficient for organizational success.«

Wildemann hat die wesentlichen Erfolgspotenziale in der Produktion definiert:

* Marktorientierung
* Qualität
* Automatisierung und Nutzungszeitverlängerung
* Flussorientierung mit kurzen Durchlaufzeiten und niedrigen Beständen
* Mitarbeiterorientierter Führungsstil
* Implementierung eines Informations- und Entscheidungssystems für dezentrale Entscheidungen
* Anpassung der Organisations- und Arbeitsstrukturen an Markt, Technologie und Mitarbeiter

Die Kostenorientierung der Produktion ist notwendig, aber für die Wettbewerbsfähigkeit nicht mehr hinreichend: »Cutting costs is not a business plan« (Gary Chaison, Clark University in Atlanta). Daraus leitet sich die Forderung nach weitgehender Ergänzung der Leistungskennzahlen durch Finanzkennzahlen (Kosten, Deckungsbeiträge, Cashflow) ab. Das Nachschlagewerk enthält zu diesem Zweck **Finanzkennzahlen**, soweit sie im Einflussbereich des Produktionsmanagements liegen. Damit sind die produktionsbezogenen Aktivitäten finanziell quantifizierbar.

1.1 Erfolgspotenziale im Produktions-management

Zunehmend gewinnt auch der Wert-Ansatz für einzelne Unternehmensbereiche an Bedeutung. Die Produktion beeinflusst – u. a. als grösster Kapitalnachfrager – den langfristigen Unternehmenswert nachhaltig. Entsprechende produktionsbezogene Kennzahlen sind in diesem Werk ebenfalls zu finden.

Die Produktion bestimmt wesentlich die Kundenbindung, Kundenzufriedenheit und die Neukundengewinnung. Im Kennzahlenführer ist deshalb ein eigenes Kapitel mit **Kundenkennzahlen** enthalten.

Die eigentliche Wertschöpfung erfolgt in den Kernprozessen der Produktion: Kundenaufträge und Produktionsaufträge abwickeln. Material für die Produktion beschaffen und Lagerbewegungen optimieren sind die direkten Prozesse, welche durch indirekte Prozesse unterstützt werden: das Management von Projekten, die von der Produktion verantwortet werden, aber auch einige Hilfsprozesse in der Instandhaltung, Arbeitsplanung, Produktkalkulation und Kostenplanung. Zur Optimierung sind **Prozesskennzahlen** als Benchmarks erforderlich.

Daneben weist ein erfolgreiches Produktionsmanagement den Mitarbeitern und Mitarbeiterinnen mit ihren Fähigkeiten und Kompetenzen eine viel stärkere Rolle zu. Eigenverantwortlichkeit, Selbstoptimierung, Selbstkontrolle, Cost Center und Profit Center sind Ansätze, um die Ergebnisverantwortung des Mitarbeiters und der Mitarbeiterin in den Prozess hineinzutragen. Gleichzeitig erhält die Wissensbasis (Knowledge Base) des Unternehmens eine große Bedeutung für die Neuentwicklung von Produkten und Verfahren. Dazu Peter Drucker: »Der einzige dauerhafte Wettbewerbsvorteil basiert auf der Fähigkeit, schneller zu lernen als die Konkurrenz.« Ferner verlangt ein modernes Produktionsmanagement eine hohe IT-Performance und IT-Kompetenz. Darauf zielen **Kennzahlen der Lern- und Innovationsperspektive**.

Moderne Unternehmen interagieren und kooperieren mit Kunden und Lieferanten im Ansatz Supply Chain Management. Darin werden interne Kennzahlen auf die gesamte Lieferkette angewandt. Ein gesondertes Kapitel mit den wichtigsten **SCM-Kennzahlen** soll dem entsprechen.

1.2   Produktionsstrategien

Die gewählte Unternehmensstrategie bestimmt den Handlungsrahmen im Produktionsmanagement. Die Beurteilung von Kennzahlen ist folglich immer im Kontext mit der jeweiligen Strategie zu sehen. Produktionsstrategien leiten sich aus den Unternehmensstrategien ab, die nach Kaplan/Norton in **Growth, Sustain, Harvest** und nach Porter in **Kostenführerschaft, Beschränkung auf Kernkompetenzen** (das produzieren, was man gut kann) und **Differenzieren** (alles produzieren, was der Kunde verlangt) unterschieden werden. Für die Produktion bieten sich demnach die in Bild 1 gezeigten Strategien an.

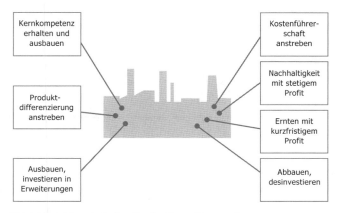

Bild 1: Produktionsstrategien (Quelle: Bauer/Hayessen)

1.2   Produktionsstrategien

Die Strategie wird durch die Stellung des Produkts im Portfolio aus Markt-wachstum und relativem Marktanteil bestimmt (Bild 2). Unterschieden werden Star-Produkte (hoher relativer Marktanteil, hohes Marktwachstum), Cash-Cow-Produkte (niedriges Marktwachstum, hoher relativer Marktanteil), Poor-Dog-Produkte (niedriger relativer Marktanteil und niedriges Marktwachstum) und die Question-Mark-Produkte (hohes Marktwachstum, niedriger relativer Markt-anteil).

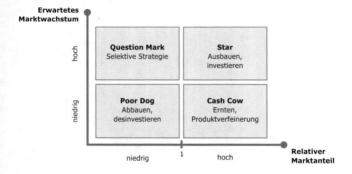

Bild 2: Portfolio und Normstrategien (Quelle: BCG)

Die Beurteilung der Kennzahlen orientiert sich am Produktportfolio. Dieses wird damit zum wichtigen Instrument des Produktionscontrollings.

Beispiele: Die Durchlaufzeiten eines Produktdifferenzierers (z. B. Anlagenbau-er) sind nicht vergleichbar mit denen eines Kostenführers im Automobilbau. Der Investitionsgrad (siehe Kapitel 4) bei der Produktion von Cash Cows (Ern-testrategie) ist anders zu bewerten als bei der Produktion von Star-Produkten (Strategie *Ausbauen*). Bei der Strategie der Kostenführerschaft steht die Kos-tensenkung im Vordergrund der Investitionsentscheidung. Diese hat auch bei den anderen Wettbewerbsstrategien eine herausgehobene Bedeutung, aller-dings erhalten Bestandsreduzierung und Senkung der Durchlaufzeiten bei der Differenzierungsstrategie zunehmend Bedeutung. Monetäre Ziele haben gene-rell eine hohes Gewicht bei der Strategie der Kostenführerschaft und – wenn auch geringer – bei der Strategie der Beschränkung auf Kernkompetenz.

1.3   Entwicklung ausgewogener Kennzahlen

Die praktische Anwendung von Kennzahlen lässt teilweise eine Systematik vermissen: Kennzahlen werden häufig ohne Bezug zur Unternehmensstrategie eingesetzt. Es sollte jedoch die Strategie sein, die das operative Produktionsmanagement und die dort anzuwendenden Kennzahlen bestimmt.

Produktionsstrategien orientieren sich an den in 1.2 betrachteten Normstrategien. Die Ableitung von Kennzahlen vollzieht sich heute üblicherweise mithilfe der Balanced Scorecard (Bild 3).

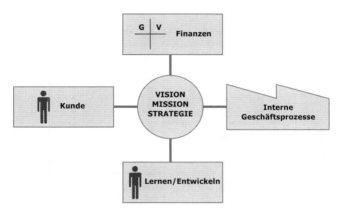

Bild 3: Perspektiven der Balanced Scorecard

Die Balanced Scorecard ist Ausgangspunkt zur Entwicklung strategisch fundierter, ausgewogener Schlüsselkennzahlen (Key Performance Indicators = KPI). Diese Schlüsselkennzahlen werden auch als Level-1-Metrics bezeichnet und bilden den Kern der Führungsinformationen für die Produktionsleitung. In der operativen Anwendung werden sie ergänzt um hierarchisch untergeordnete Kennzahlen (PI = Performance Indicators). Die Einordnung der Kennzahl erfolgt jeweils in der Fußzeile.

1.4   Erfolgsfaktoren

Die in der Balanced Scorecard praktizierte vierdimensionale Sicht auf das Unternehmen und die Entwicklung und Transformation einer Unternehmensstrategie führt zu Erfolgsfaktoren im Produktionsmanagement, die Ausgangspunkt für formelbasierte Kennzahlen sind.

Die zunehmende Bedeutung von unternehmensübergreifender kooperativer Logistikplanung im Supply Chain Management macht die Erweiterung um diesbezügliche Erfolgsfaktoren sinnvoll. Daraus entsteht ein System der produktionsorientierten Erfolgsfaktoren (Bild 4).

Erfolgsfaktoren im Produktionsmanagement

Rentabilität Cash Flow Produktionswert Kapitalbindung Working Capital Betriebsergebnis	Kundenprofit Kundenzufriedenheit Kundenbindung Kooperation mit Kunden Neukundengewinnung

Wirtschaftlichkeit: Deckungsbeitrag, Produktkosten, Zielkosten/Zielpreise, Projektkosten
Materialeinsatz: Materialumschlag, Lagerbestand, Servicegrad
Zeit/Termine: Durchlaufzeit, Terminabweichung, Projekttermine
Programm: Produktportfolio, Produktqualität, Auftragsbestand
Ressourcen: Anlagennutzung, Personaleinsatz

IT-Anwendung: IT-Kompetenz, IT-Performance **Innovation:** Time to Market, Innovationsgrad **Mitarbeiter:** Mitarbeitermotivation, Mitarbeiterqualifikation	**Supply Chain Erfolgsfaktoren:** ATP-Menge, SCM-Durchlaufzeit, SCM-Kosten, SCM-Kooperation, SCM-Kapitalbindung, SCM-Ressourcen, SCM-Servicegrad

Bild 4: Erfolgsfaktoren im Produktionsmanagement

1.5 Wertmanagement in der Produktion

Die Ausrichtung der internen Prozesse am finanziellen Erfolg des Unternehmens konfrontiert die Produktion mit der Frage, was sie zum Unternehmenswert beizutragen vermag mittels der Fähigkeit: »... to deliver the value propositions and shareholder expectations of excellent financial returns«.

Eine wertorientierte Produktion generiert nachhaltigen Cashflow. Eine eher langfristige Wertsteigerung (Long Wave of Value Creation) betrifft die Produkt- und Investitionsplanung. Die kurzfristige Wertsteigerung wird mit bestehenden Produkten realisiert. Beide Formen der Wertsteigerung werden mithilfe von Werttreibern realisiert, deren wichtigste in Bild 5 dargestellt sind.

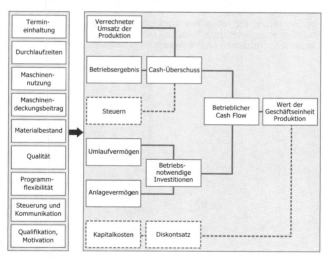

Bild 5: Werttreiber in der Produktion (Quelle: Bauer, in Anlehnung an Rappaport)

1.5   Wertmanagement in der Produktion

Steuern und Diskontsatz gelten aus Produktionssicht als keine beeinflussbaren Faktoren, während Kapitalkosten bedingt beeinflussbar sind. Dagegen bilden die links dargestellten Faktoren die für das Produktionsmanagement bedeutsamen Werttreiber. Sie sind in den Kennzahlen der folgenden Abschnitte enthalten.

Die in den folgenden Kapiteln dargestellten Kennzahlen

- orientieren sich an der Unternehmensstrategie,
- sollen eine Hierarchisierung in wichtige (Schlüsselkennzahlen) und untergeordnete Kennzahlen ermöglichen,
- vermeiden eine einseitige Prozesszentrik durch Einbeziehung aller Unternehmensperspektiven,
- berücksichtigen den Aspekt des Unternehmenswertes,
- beziehen kooperative Logistikansätze (SCM) ein
- und sind mit modernen Analysesystemen ermittelbar.

Kapitel 2

Das Beispielunternehmen

2.1   Profit Center Getriebe

Die ab Kapitel 3 beschriebenen Kennzahlen werden zur Verdeutlichung durch Zahlenbeispiele unterlegt, die von einem Modellunternehmen abgeleitet sind. Das Unternehmen stellt Getriebe und Bohrwerkzeuge her. In einzelnen Szenarien wird im folgenden die Zahlenbasis für die Kennzahlenbeispiele beschrieben. Im Beispielunternehmen werden in zwei strategischen Geschäftseinheiten die Produktgruppen Getriebe und Werkzeuge produziert. Jede Produktgruppe ist als Profit Center organisiert.

Tabelle T1: Die Daten zum Profit Center Getriebe im Geschäftsjahr (ohne die in Tabelle T2 genannten Maßnahmen zur Bestandssenkung und Werksmodernisierung):

Neuwert des Anlagevermögens (Anschaffungswert) €	12.500.000
Buchwert des investierten Anlagevermögens €	8.000.000
Verfügbares Eigenkapital €	3.000.000
Langfristig verfügbares Fremdkapital €	7.000.000
Materialbestand €	290.000
Kurzfristige Verbindlichkeiten aus Lieferantenschulden €	15.000
Flüssige Mittel €	1.725.000
Kapitalkostensatz % / Jahr	10
Fixkosten des Profit Centers € / Jahr	2.000.000
In Fixkosten enthaltene Abschreibung € / Jahr	1.600.000
Produktionsmenge Stück / Jahr	6.000
Preis € / Stück	1.200
Target Price aus Konkurrenzanalyse € / Stück	1.180
Variable Selbstkosten € / Stück	600
Durchschnittliches Maschinenalter Jahre	3,4
Durchschnittliche Auftragslosgröße Stück	120
Fertigungsstunden / Jahr	30.000
Anzahl Vollzeitmitarbeiter	26
Anteil flexibler Fertigungseinrichtungen %	20

2.1 Profit Center Getriebe

Tabelle T2: Im Geschäftsjahr wurden zahlungswirksame Maßnahmen zur Bestandssenkung und Erhaltungsinvestitionen durchgeführt:

Erreichte Bestandssenkung €	500.000
Erhaltungsinvestitionen €	300.000

Tabelle T3: Im Profit Center wird ferner eine Werksmodernisierung geplant (zahlungswirksam ab nächstem Geschäftsjahr):

Kapitaleinsatz €	1.500.000
Kostenreduzierung € / Jahr	200.000
Umsatzsteigerung € / Jahr	50.000

Tabelle T4: Die Kalkulationsdaten eines Getriebetyps:

Kostenart	€ / Stück	Davon variabel
Materialeinzelkosten	120	120
Materialgemeinkosten	30	0
Fertigungskosten*	545	275
Sondereinzelkosten der Fertigung	5	5
Entwicklungsgemeinkosten	70	30
Verwaltungsgemeinkosten	140	55
Vertriebsgemeinkosten	140	65
Sondereinzelkosten Vertrieb	50	50

* inklusive der Fertigungsgemeinkosten

2.2 Investitionsmaßnahmen

Tabelle T5: Im kommenden Geschäftsjahr werden weitere Investitionen getätigt:

	Invest.-objekt A	Invest.-objekt B	Invest.-objekt C
Anschaffungswert €	200.000	80.000	120.000
Wirtschaftliche Nutzdauer Jahre	5	8	6
Gesamte Abschreibungen im folgenden Geschäftsjahr €/Jahr			1.200.000

Tabelle T6: Die Daten des Investitionsobjekts A aus Tabelle T5:

Kaufpreis €	200.000
Wirtschaftliche Nutzdauer Jahre	5
Geforderte Mindestverzinsung %/Jahr	20
Mehrumsatz €/Jahr	360.000
Materialkosten €/Jahr	40.000
Fertigungslohn inkl. Lohnnebenkosten €/Jahr	160.000
Instandhaltung €/Jahr	10.000
Werkzeugausstattung €/Jahr	20.000
Hilfslohn €/Jahr	26.000
Raumkosten €/Jahr	20.000
Energie €/Jahr	4.000
Zahlungswirksame Zinskosten €/Jahr	5.000
Abschreibung €/Jahr	40.000

2.3 Absatzdaten der Produkte und Kunden

Tabelle T7: Daten der Segmente:
Produziert wird in zwei Segmenten in jeweils eigenen Profit Centern.

	Getriebe	Werkzeuge
Umsatz €/Jahr	7.200.000	9.000.000
Fixe Kosten des Segments €/Jahr	2.000.000	1.000.000
Anzahl Kundenaufträge pro Jahr	550	720
Anzahl Kunden	70	190
Variable Kosten des Umsatzes €/Jahr	3.600.000	4.000.000
Erwartetes Marktwachstum	hoch	niedrig
Umsatz Hauptkonkurrent €/Jahr	6.000.000	17.000.000

Die restlichen fixen Kosten des Gesamtunternehmens, die keinem der beiden Segmente zurechenbar sind, betragen 1.200.000 €/Jahr.

Tabelle T8: Das Kundenportfolio:
Es gibt zwei Hauptkunden des Segments Getriebe.

	Kunde 4712	Kunde 4714	Restliche Kunden
Umsatz €/Jahr	5.600.000	1.200.000	400.000
Variable Kosten des Umsatzes	2.800.000	600.000	200.000

2.3 Absatzdaten der Produkte und Kunden

Tabelle T9: Termindaten eines Kundenauftrags:

Eingangsdatum	28.7. (Montag)
Solltermin	1.8. (Freitag)
Isttermin	4.8. (Montag)
Zahlungseingang	11.8. (Montag)

Tabelle T10: Der Bestand an Kundenaufträgen (Getriebe):

Auftrag	Stückzahl	Standardpreis €/Stück
KA1	800	1.800
KA2	400	1.600
KA3	1.200	2.000

Tabelle T11: Produktionsbedingte Kundenbeziehungen im Profit Center Getriebe:

Produktionsbedingte Reklamationen pro Jahr	45
Produktionsbedingte Kundenverluste	3
Produktionsbedingte Neukundengewinnung	5

2.4 Kostenplanung und -kontrolle

Zur Produktkalkulation und Kostenkontrolle sind die Kostenstellen zu planen. Eine verursachungsgerechte Kalkulation sowie die üblichen Optimierungsentscheidungen in der Produktion erfordern eine detaillierte Kostenstellengliederung. Es empfiehlt sich deshalb, kapitalintensive Maschinen mit unterschiedlichen Leistungsdaten als eigenständige Kostenstellen anzulegen. Im Profit Center Getriebe sind mehrere Produktionssysteme im Einsatz. Eines dieser Produktionssysteme wird hier als eigenständige Kostenstelle geplant:

Tabelle T12:

Anschaffungswert €	300.000
Wiederbeschaffungswert (aktueller Kaufpreis) €	400.000
Planauslastung aufgrund Auftragsprognose Std / Jahr	1.200
Bruttoarbeitszeit Std / Woche	38,5
Arbeitswochen pro Jahr	50
Bruttoarbeitszeit Std / Jahr	1.925
Ausfallzeiten Reparaturen, Urlaub, Krankheit Std / Jahr	400
Verfügbare Kapazität Std / Jahr	1.525

2.4 Kostenplanung und -kontrolle

Tabelle T13: Die Kostendaten in € / Jahr bei Planauslastung:

Kostenart	Plankosten fix	Plankosten variabel
Abschreibung	50.000	0
Kalkulatorische Zinsen	12.000	0
Instandhaltung	2.000	10.000
Fertigungslohn	3.000	30.000
Lohnnebenkosten	1.000	17.000
Stromkosten	1.000	2.000
Raumkosten	2.000	0
Universalwerkzeuge	1.000	1.000
Summe € / Jahr	**72.000**	**60.000**

Tabelle T14: Nach Ablauf des Jahres werden folgende Istdaten ermittelt:

Tatsächliche Auslastung Std / Jahr	1.600
Istkosten laut Buchhaltung € / Jahr	150.000
Davon ungeplante Tariferhöhung € / Jahr	2.000

2.5   Fertigungsprozess

Der Fertigungsprozess liefert eine Anzahl wichtiger Schlüsselkennzahlen. Hier ist ein typischer Fertigungsauftrag beschrieben. Er bezieht sich auf den Durchlauf eines Fertigungssystems bzw. auf *einen* Arbeitsgang.

Tabelle T15: Plandaten Auftrag:

Losgröße	100
Fertigungszeit te min/Stück	10
Rüstzeit min/Los	60
Auftragsstart (Freigabe)	25.7. Fr (Schichtbeginn)
Endtermin geplant	30.7. Mi (Schichtbeginn)

Tabelle T16: Istdaten Auftrag:

Fertigungszeit te min/Stück	9
Rüstzeit min/Los	54
Endtermin Ist	1.8. Fr (Schichtbeginn)

Tabelle T17: Abgeschlossene und rückgemeldete Aufträge im Planungszeitraum:

Auftrag	Losgröße	Solltermin	Isttermin
A	100	30.7. Mi	1.8.
B	120	29.7. Di	31.7.
C	100	28.7. Mo	31.7.
D	160	1.8. Fr	30.7.

2.5   Fertigungsprozess

Tabelle T18: Ausschuss- und Nacharbeitskosten:

Planausschuss Auftrag A in T17 Stück	2
Istausschuss lt. BDE-Rückmeldung Stück	4
Ausschusskosten (Material- und Fertigungskosten) eines Fehlteiles €/Stück	200
Nacharbeitskosten der Aufträge in T17 €	300

Tabelle T19: Verfahrenswahl Make or Buy:

Preis des Zulieferers (ohne Material) €/Stück	17
Abbaufähige Fixkosten bei Fremdbezug	keine

Tabelle T20: Work in Process (Begonnene, noch nicht rückgemeldete Aufträge):

Auftrag	Stückzahl	Bisher angefallene Material- kosten* €/Stück	Bisher angefallene Fertigungs- kosten* €/Stück
E	100	3.000	1.500
F	50	1.500	750
G	80	2.400	1.200

* bis inkl. der nächsten Fertigungsstufe

2.5 Fertigungsprozess

Tabelle T21: Der Prozess Auftragsabwicklung in der Produktions-steuerung:

Anzahl Fertigungsaufträge / Jahr	400
Personen in der Auftragsabwicklung	4
Personalkosten Produktionssteuerung € / Jahr	200.000
Betriebsmittelkosten Produktionssteuerung € / Jahr	30.000
Anteilige Leitungskosten € / Jahr	25.000
Auftragsbestand Getriebefertigung Fertigungsstunden	25.000
Kapazitätsangebot (verfügbare Kapazität) Fertigungs-stunden / Monat	4.200
Planbeschäftigung Fertigungsstunden / Monat	2.500
Auftragsrückstand (Solltermin bereits überfällig) in Fertigungsstunden	750

Tabelle T22: Kostendaten Fertigungsprozess:
Bei Planauslastung von 30.000 Std / Jahr fallen folgende Kosten an:

Qualitätskosten € / Jahr	180.000
IT-Kosten € / Jahr	50.000
CNC-Programmierung € / Jahr	115.000
Nacharbeitskosten (in Qualitätskosten enthalten) € / Jahr	42.000

2.5   Fertigungsprozess

Tabelle T23: Planung Fließfertigungsanlage (Montageband):
Im Profit Center ist ein Montageband mit folgenden Daten geplant:

Anzahl Montagebänder	2
Anzahl Schichten / Tag	3
Schichtzeit min / Tag	480
Auslastungsgrad %	90
Vorgegebene Taktzeit min / Stück	12

2.6 Materialprozess

Der Materialprozess beliefert über das Eingangslager die Produktion mit beschafften Materialien und stellt die fertigen Produkte im Fertiglager bereit.

Tabelle T24: Eingangslager Getriebegehäuse:

Bedarf durch Getriebefertigung Stück/Jahr	6.000
Erfolgreiche Nachfragen/Jahr	90
Gesamtzahl Nachfragen/Jahr	100
Durchschnittlicher Bestand Stück	1.000
Materialwert €/Stück	30
Lieferverbindlichkeiten Getriebegehäuse €	2.000

Tabelle T25: Fertiglager Getriebe:

Bestellmenge (wöchentlicher Zugang aus Montage)	100
Abgang (Verbrauch) Stück/Tag	20
Verbrauchtage/Jahr	250
Mindestbestand Stück	200
Aktueller Bestand Stück	300
Lagerwert fertiges Getriebe €/Stück	1.000
Kalkulatorischer Zinssatz Lager %	5
Abschreibungskosten Lager €/Jahr	30.000
Personalkosten Lager €/Jahr	20.000
IT-Kosten Lagerverwaltung €/Jahr	4.000
Energiekosten €/Jahr	5.000

2.6 Materialprozess

Tabelle T26: Durchschnittsbestände der gesamten Lagerwirtschaft inklusive Produktionsbestände:

Artikel	Bestand	€ / Stück	Kapital-bindung €
Getriebedeckel	1.000	30	30.000
Getriebe	250	1.000	250.000
Sonstiges Kleinmaterial	500	20	10.000
Verbindlichkeiten aus Lieferungen €	15.000		

Tabelle T27: Lieferungen des Zulieferers an das Eingangslager (Getriebedeckel):

	Bestellung 1	Bestellung 2	Bestellung 3
Istmenge Stück	280	300	500
Sollmenge Stück	300	300	500
Planwiederbeschaffungszeit Tage	3	2	5
Liefertermin Soll	28.7. Mo	30.7. Mi	1.8. Fr
Liefertermin Ist	30.7. Mi	31.7. Do	4.8. Mo
Einstandspreis Ist € / Stück	33	30	32
Einstandspreis Soll € / Stück	30	30	30
Ausschussmenge Stück	20	0	10

2.6   Materialprozess

Tabelle T28: Kanban-Belieferung der Montage mit Schrauben:

Bedarf Stück/Tag	200
Wiederbeschaffungszeit Tage	2
Menge/Kanban in Stück	20

2.7 Produktionsprojekt

Die Getriebeproduktion plant die Installation eines BDE-Systems.

Tabelle T29: Die Daten des Projekts:

Projektbezeichnung	BDE-System installieren
Projektstart	29.7. (Dienstag)

Tabelle T30: Das Projekt besteht aus den Vorgängen:

Vorgang Nr.	Bezeichnung	Dauer (Arbeitstage)	Vorgänger
1	Installation BDE-Server	4	-
2	Installation Terminals	2	-
3	Testen	3	1,2

Tabelle T31: Die Vorgänge benötigen folgende Personalkapazität:

Vorgang Nr.	Kapazitätsbedarf (Stunden)	Kosten € / Stunde
1	64	80
2	16	80
3	24	80

2.8   Personal und Innovationen

Tabelle T32: Innovationen:
In den vergangenen vier Jahren wurden im Unternehmen folgende neue Produkte durch Entwicklungsprojekte zur Markteinführung gebracht:

Entwicklungsprojekt	Umsatz Mio. € / Jahr	Time-to-Market-Arbeitstage
Projekt A	0,5	720
Projekt B	2,8	440
Projekt C	1,9	360

Tabelle T33: Personalstruktur im Profit Center Getriebe:

Mitarbeiter in selbstorganisierten Fertigungssystemen*	12 von 26
Mitarbeiter in B2B-Prozessen	3 von 4
Weiterbildungsaufwand € / Jahr	80.000
Anzahl Mitarbeiterabgänge / Jahr	3
Anwesenheitszeit Personal Std / Jahr	40.000
Personenbedingte Ausfallzeiten Std / Jahr	2.300
Anzahl Verbesserungsvorschläge / Jahr	60

* Eingebunden in die Materialbedarfsplanung, kurzfristige Kapazitätsplanung, Reihenfolgeplanung der Aufträge.

2.9   Supply Chain Management

Der Getriebeproduzent ist als Hersteller (Make) eingebunden in eine Lieferkette mit dem Lieferanten der Getriebedeckel (Source) und dem Abnehmer der Getriebe (Deliver).

Tabelle T34: Die Strukturdaten der Supply Chain:

Anzahl kooperativer Projekte / Jahr zwischen Make, Source und Deliver	8
Planungskosten SCM € / Jahr	120.000
Lagerkosten SCM € / Jahr	80.000
Transportkosten SCM € / Jahr	140.000

Tabelle T35: Auftragsdurchlauf SCM:

Auftragsstatus	Termin
Bedarf erkannt beim Getriebeabnehmer (Process Deliver)	29.7. Di*
Auftragseingang beim Getriebehersteller (Process Deliver)	30.7. Mi
Bestelleingang beim Teilelieferanten (Process Source)	1.8. Fr
Wareneingang Teile beim Gertriebehersteller (Process Source)	4.8. Mo
Beginn Produktion bem Getriebehersteller (Process Make)	4.8. Mo
Ende Produktion beim Getriebehersteller (Process Make)	5.8. Di
Transport und Wareneingang beim Endkunden (Getriebeabnehmer) (Process Deliver)	7.8. Do

* Alle Termine jeweils bei Schichtbeginn

2.9   Supply Chain Management

Tabelle T36: SCM-Aufträge:

SCM-Auftrag	Aussteller	Solltermin	Isttermin	Menge, Preis und Qualität erfüllt
A	Endkunde	1.8. Fr	8.8. Fr	ja
B	Endkunde	29.7. Di	1.8. Fr	ja
C	Endkunde	28.7. Mo	28.7. Mo	ja
D	Endkunde	1.8. Fr	31.7. Do	nein

Tabelle T37: Bestand Getriebedeckel:

	Verfügbarer Bestand	€ / Stück	Kapitalbindung €
Lieferant (Source)	2.000	30	60.000
Getriebehersteller (Make)	1.000	30	30.000
Getriebeabnehmer (Deliver)	500	30	15.000
Zugänge	600		
Bedarfe	2.500		

2.9 Supply Chain Management

Tabelle T38: Working Capital SCM:

Artikel	Bestand	€ / Stück	Kapital-bindung €
Getriebedeckel	3.500	30	105.000
Getriebe	300	1.000	300.000
Sonst. Kleinmaterial	1.500	20	30.000
Gesamte Verbindlich-keiten aus Lieferungen €	30.000		

Tabelle T39: Lieferungen in der SCM:

Auftragsart	Anzahl pro Jahr Stück	Summe Sollmenge Stück	Summe Istmenge Stück
Bestellungen Getriebe-deckel	20	20.000	19.000
Kundenaufträge Getriebe	30	6.000	5.500
Bestellungen Klein-material	80	8.000	8.000

2.9   Supply Chain Management

Tabelle T40: Kapazitätsgruppen in der SCM:

Auftragsart	Verfügbare Fertigungsstunden pro Jahr	Ist-Fertigungsstunden pro Jahr
Fertigungsanlage Getriebedeckel (Source)	20.000	15.000
Profit Center Getriebe (Make)	30.000	29.500
Getriebeeinbau Endkunde (Deliver)	40.000	39.000

Kapitel 3

Kennzahlen Finanzperspektive

3.1 Return on Investment (ROI)

Formel

$$\frac{\text{Betriebsergebnis}}{\text{Kapitaleinsatz}} \times 100\%$$

Beispiel (Daten siehe 2.1/Tabelle T3)

$$\frac{0,25 \text{ Mio.}}{1,5 \text{ Mio.}} \times 100\% = 16,7\%$$

Erläuterung

Der ROI ist die Spitzenkennzahl in der Finanzperspektive, aber auch in Kennzahlensystemen (z. B. Dupont-System). Er ist die wichtigste Benchmark für den wirtschaftlichen Kapitaleinsatz im Gesamtunternehmen, in Investitionsprojekten (Projekt-ROI), aber auch in Produktionsbereichen (siehe dazu auch den ROCE). Das Betriebsergebnis ermittelt sich top down als EBIT, d. h. vor dem Finanzergebnis und den Steuern, bottom up aus Umsätzen minus den Kosten.

Der ROI wird häufig als Mindestgröße im Unternehmen vorgegeben (häufig im Bereich zwischen 10 und 20% vor Steuern). Bei Projekten wird das Ergebnis abgeleitet aus Kosten- und Umsatzänderungen durch das geplante Projekt. Mit einem vorgegebenen Mindest-ROI kann eine wirtschaftliche Kapitalverwendung unterstützt werden (Filterfunktion). Zu hohe Schwellenwerte können allerdings Zukunftsprojekte gefährden.

Maßnahmen

- Kapitalarme Produktion durch Bestandssenkung
- Realisierung des Pull-Prinzips mit JIT und die Beschaffung im VMI
- Konsequentes Investitionscontrolling
- Etablierung von Kostensenkungsprogrammen

3.2 Return on Capital Employed (ROCE)

Formel

$$\frac{\text{operatives Betriebsergebnis}}{\text{gebundenes Kapital}} \times 100\%$$

Beispiel (2.1/T1)

Gebundenes Kapital: 8 Mio. + 1,725 Mio. + 0,275 Mio. = 10 Mio. €

$$\frac{1,6 \text{ Mio.}}{10 \text{ Mio.}} \times 100\% = 16\%$$

Erläuterung

Die Spitzenkennzahl beurteilt die Rendite des in einer Periode (Geschäftsjahr) gebundenen Kapitals eines Bereichs (Profit Center). Das Betriebsergebnis ermittelt sich als EBIT aus den dem Profit Center zurechenbaren jährlichen Umsätzen abzüglich der variablen Kosten des Umsatzes und der Fixkosten des Bereichs (Umsatzkostenverfahren). Wenn Marktpreise fehlen, können ersatzweise Verrechnungspreise oder Zielpreise (Target Prices) angesetzt werden. Das eingesetzte Kapital ergibt sich aus dem im Bereich gebundenen Anlagevermögen auf der Basis der Buchwerte und dem Umlaufvermögen abzüglich der Lieferantenschulden. Die Ermittlung des eingesetzten Kapitals erfolgt somit aus der Aktivseite der Bilanz. Der ROCE enthält auch flüssige Mittel, die allerdings für Produktionsbereiche schwierig abzugrenzen sind. Aussagefähiger ist deshalb die Kennzahl RONA (Return on Net Asset). Bei einem veralteten Maschinenpark ist diese Kennzahl nicht aussagefähig. Hier empfiehlt sich die Anwendung des ROACE (Return on Average Capital Employed), ermittelt aus:

Grundstücksvermögen + 0,5 x Anschaffungswert der Maschinen und Anlagen + Working Capital

Maßnahmen

- Kapitalarme Produktion
- Outputsteigerung und Kostensenkung
- Einsatz von Pull-Strategien (JIT) sowie lieferantengetriebene Lagerung (VMI)
- Gewinnung profitabler Kunden

3.3   Return on Net Asset (RONA)

Formel

$$\frac{\text{operatives Betriebsergebnis}}{\text{gebundenes Kapital ohne flüssige Mittel}} \times 100\,\%$$

Beispiel (2.1/T1)

Gebundenes Kapital ohne flüssige Mittel: 8 Mio. + 0,275 Mio. = 8,275 Mio. €

$$\frac{1,6 \text{ Mio.}}{8,275 \text{ Mio.}} \times 100\,\% = 19,3\,\%$$

Erläuterung

Die Kennzahl beurteilt die Rendite des gebundenen Kapitals eines Profit Centers. Das gebundene Kapital ohne flüssige Mittel ermittelt sich aus dem zurechenbaren Anlage- und dem materialbezogenen Umlaufvermögen (Net Asset, siehe 3.9). Im Gegensatz zum Capital Employed im ROCE enthält das Net Asset im RONA keine flüssigen Mittel. Wenn Marktpreise fehlen, können wiederum ersatzweise Verrechnungspreise oder Zielpreise (Target Prices) angesetzt werden. Langfristig problematisch ist das Streben nach hohem RONA durch Vermeiden notwendiger Investitionen. Da flüssige Mittel separiert werden, ist die Kennzahl für operative Bereiche leichter zu ermitteln, so z. B. bottom up aus den Anlagen und den bezahlten Materialbeständen.

Ein hoher RONA in der Produktion trägt zum Unternehmenserfolg bei. Aktionsparameter sind sowohl die Erhöhung des Umsatzes, die Kostensenkung als auch die Verringerung des Kapitaleinsatzes z. B. durch Bestandsverringerungen. Deshalb ist die Kennzahl auch als operative Spitzenkennzahl und dabei besonders für Erntestrategien geeignet.

Maßnahmen

- Kapitalarme Produktion
- Bestandssenkung (JIT, VMI)
- Kostensenkungsprogramme
- Gewinnung profitabler Kunden

3.4 Cashflow Produktion

Formel   **Beispiel (2.1, 2.2/T1, T2)**

	operatives Betriebsergebnis	1,6 Mio.
+	Abschreibungskosten	+ 1,6 Mio.
+	Abbau (– Aufbau) von Beständen	+ 0,5 Mio.
–	nicht strategische Investitionen (+ Desinvestitionen)	– 0,3 Mio.
=	**Cashflow Produktion**	**= 3,4 Mio.**

Erläuterung

Der operative Cashflow definiert sich als Differenz der Zahlungsströme (Einzahlungen – Auszahlungen) aus der laufenden Geschäftstätigkeit eines Unternehmens.

Da die Kosten- und Leistungsrechnung das dominierende operative Instrument darstellt, wird in der Praxis statt der direkten Methode (Einzahlungen – Auszahlungen) die indirekte Methode auf der Basis zahlungswirksamer Umsätze und Kosten angewandt.

Die Kennzahl orientiert sich am operativen Cashflow, berücksichtigt aber auch die Cashflow-Maßnahmen der Produktionsinstanzen durch Erhaltungsinvestitionen und Bestände (siehe auch die Definition nach Rappaport).

Der in der Produktion generierte Cashflow erhöht die finanzielle Stabilität und die Fähigkeit zur Eigenfinanzierung im Unternehmen. Werden die Kapitalkosten des Centers subtrahiert, erhält man den CVA® (siehe 3.5).

Maßnahmen

- Kapitalarme Produktion, Bestandssenkung durch JIT und JIS
- Kapitalfreisetzung durch Verlagerung von Produktionskapazität
- Lieferantengetriebene Lagerhaltung (VMI) und Industrieparks
- Umsatzsteigerung durch kundenorientierte Produktion

3.5 Cash Value Added (CVA®)

Formel

> Cashflow Produktion
> − Kapitalkosten
>
> **= Cash Value Added (CVA®)**

Beispiel (2.1/T1)

$$\text{Kapitalkosten:} \quad \frac{8,275 \text{ Mio.} \times 10}{100} = 0,8275 \text{ Mio. €/Jahr}$$

CVA®: 3,4 Mio. − 0,8275 Mio. = 2,5725 Mio. €/Jahr

Erläuterung

Werden vom operativen Cashflow (3.4) die Kapitalkosten des Bereichs subtrahiert, erhält man den CVA® (Cash Value Added). Der Cash Value Added ist der operative Beitrag zum Unternehmenswert. Die Kapitalkosten errechnen sich dabei aus:

$$\frac{\text{gebundenes Kapital} \times \text{Kapitalkostensatz}}{100}$$

Das gebundene Kapital kann als Capital Employed (siehe 3.2) oder Net Asset (3.3) ermittelt werden. Der Kapitalkostensatz kann aus dem Kalkulationszins für Investitionen oder als gewichteter Satz (WACC) angesetzt werden. Der CVA® ist die zur Beurteilung des Beitrags zum Unternehmenswert und zur Finanzkraft bestgeeignete operative Kennzahl. Eine starke Fokussierung auf den CVA® kann dazu führen, dass betriebsnotwendige Investitionen unter-bleiben. Die Beurteilung des CVA® hängt von der Unternehmensstrategie ab.

Maßnahmen

- Kapitalarme Produktion durch Bestandssenkung (JIT, VMI)
- Desinvestition bzw. Verlagerung nicht benötigter Maschinen
- Umsatzsteigerung durch kundenorientierte Produktion
- Wertsteigerung der Produkte
- Verringerung der Kapitalkosten durch geringere Verschuldung

3.6   Kapitalwert von Investitionen

Formel

> Barwert der Rückflüsse
> − Investitionssumme
>
> **= Kapitalwert von Investitionen**

Beispiel (2.2/T6)

Rückfluss:
360.000 − 40.000 − 160.000 − 10.000 − 20.000 − 26.000 − 20.000 − 4.000 − 5.000 + 40.000 = 115.000 €/Jahr

Kapitalwert:

$$\frac{115.000}{(1,2)} + \frac{115.000}{(1,2)^2} + \frac{115.000}{(1,2)^3} + ... + \frac{115.000}{(1,2)^5} - 200.000 = 343.918 \text{ €}$$

> 0 → Investition absolut gesehen wirtschaftlich!

Erläuterung

Der Rückfluss R eines Jahres ergibt sich aus der Kostenveränderung ohne Abschreibung und der Umsatzveränderung durch das Investitionsobjekt. Der Barwert der Rückflüsse ergibt sich nach der Formel:

$$\frac{R_1}{\left(1 + \frac{i_k}{100}\right)} + \frac{R_2}{\left(1 + \frac{i_k}{100}\right)^2} + ... + \frac{R_n}{\left(1 + \frac{i_k}{100}\right)^n} - I_0$$

R_1 ist dabei der Rückfluss am Ende des ersten Jahres und R_n der des letzten Jahres der wirtschaftlichen Nutzungsdauer des Investitionsobjekts.
Der Kalkulationszins i_k ist die von der Unternehmensleitung bzw. den Anteilseignern geforderte Mindestverzinsung, ermittelt z. B. in Anlehnung an den WACC (Weighted Average Cost of Capital). Gegebenenfalls sind Risikoaspekte der Investition einzubeziehen. I_0 ist der sofort zu entrichtende Kaufpreis zuzüglich Installationskosten. Ist der Kapitalwert > 0, so ist die Investition absolut gesehen lohnend.

Maßnahmen

- Optimierung der zugrundeliegenden Produktionsprozesse
- Schematisierte Antragsverfahren

3.7 Interner Zinssatz von Investitionen

Formel

> Summe Barwerte der Rückflüsse bei internem Zinssatz
> − Investitionssumme
>
> **= 0**

Beispiel (2.2/T6)

$C1 = 343.918 €$ bei $i_{k1} = 20\%$.
Die Alternativrechnung z. B. mit
$i_{k2} = 30\%$ ergibt $C2 = 141.484$
€/Jahr. Die C- und i_k-Punkte
werden markiert und dann
verbunden. Die Verlängerung
schneidet die Ordinate im internen Zinssatz von ca. 36%

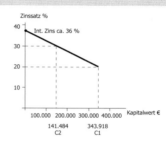

Erläuterung

Der interne Zinssatz i_r ist definiert als der Zinssatz, bei dem der Kapitalwert null
beträgt. Er kann durch stufenweise Veränderung des Kalkulationszinses z. B. in
einem EXCEL-Sheet simulativ ermittelt werden. Es gilt:

$$\frac{R_1}{\left(1 + \dfrac{i_r}{100}\right)} + \frac{R_2}{\left(1 + \dfrac{i_r}{100}\right)^2} + ... + \frac{R_n}{\left(1 + \dfrac{i_r}{100}\right)^n} - I_0 = 0$$

Die grafische Näherungslösung verwendet eine iterative Berechnung von C mit
zwei unterschiedlichen Zinssätzen i_k (Skizze siehe oben). Daneben ist auch eine
Näherungsformel anwendbar. Der interne Zinssatz definiert die Rendite einer
Investition (relative Wirtschaftlichkeit). Ist er höher als der geforderte Mindest-
zins, ist die Investition absolut betrachtet wirtschaftlich. Der interne Zinssatz i_r
dient ferner zum Vergleich konkurrierender Investitionen. Gilt z. B. I_r (Objekt A)
> i_r (Objekt B), so ist Objekt A wirtschaftlicher als Objekt B.

Maßnahmen

- Auswahl der besten Investitionen anhand des internen Zinssatzes
- Optimierung der zugrundeliegenden Produktionsprozesse
- Schematisierte Antragsverfahren
- Abwicklung von Investitionen im Projektmanagement

3.8 Amortisationszeit

Formel

$$\frac{\text{Investitionssumme}}{\text{Rückfluss pro Jahr}}$$

Beispiel (2.2/T6)

Rückfluss:
360.000 − 40.000 − 160.000 − 10.000 − 20.000 − 26.000 − 20.000 − 4.000 − 5.000 + 40.000 = 115.000 €/Jahr

$$T_A: \quad \frac{200.000}{115.000} = 1,74 \text{ Jahre} \rightarrow \text{wirtschaftlich}$$

Erläuterung

Die Amortisationszeit T_A ist die Zeitspanne, innerhalb derer sich die Investitionssumme durch Rückflüsse amortisiert. Der Rückfluss ergibt sich aus der Kosteneinsparung ohne Abschreibung zuzüglich einer eventuellen Umsatzsteigerung durch das Investitionsobjekt. Die Rückflüsse R von Jahr 1 bis Jahr n (n = wirtschaftliche Nutzungsdauer des Investitionsobjekts) sind als konstant angesetzt. Die Amortisationszeit bei nicht konstanten Rückflüssen ist durch Simulation zu ermitteln (Dynamische Amortisationsdauer). T_A sollte für Produktionsmaschinen mit einer wirtschaftlichen Nutzungsdauer von fünf bis sechs Jahren kleiner sein als ca. drei Jahre, bei erhöhtem Risiko oder hohen Ertragsansprüchen kleiner als zwei Jahre. Unabhängig davon sollte die Amortisationsdauer generell kleiner als die wirtschaftliche Nutzungsdauer sein.

Eine kurze T_A ist ein Indikator für eine wirtschaftliche Investition. Die Kennzahl eignet sich wegen fehlender Zinseffekte allerdings nur zur Grobbeurteilung von Investitionen. Größere Investitionen sind durch den Kapitalwert und den internen Zinssatz zu beurteilen.

Maßnahmen

- Optimierung der zugrundeliegenden Produktionsprozesse
- Schematisierte Antragsverfahren

3.9　Net Asset

Formel　　　　　　　　　　　　　　　　　　　**Beispiel (2.1/T1)**

	Anlagevermögen	8 Mio.
+	materialbezogenes Umlaufvermögen	+ 0,275 Mio.
=	**Net Asset**	**= 8,275 Mio. €**

Erläuterung

Die Ermittlung des Anlagevermögens erfolgt als Summe der Buchwerte der Anlagen aus der Anlagenbuchhaltung. Das materialbezogene Umlaufvermögen ermittelt sich aus den Beständen abzüglich der Lieferantenverbindlichkeiten, entspricht also dem Working Capital (Definition in 3.12).

Ein niedriges Net Asset ist Ausdruck einer angestrebten kapitalarmen Fertigung, kann aber auch auf einen eingetretenen Substanzverlust des Maschinenparks hinweisen. Das Anlagevermögen ist u. a. beeinflusst durch die Unternehmensstrategie und das Produktportfolio. Anzustreben ist ein geringes Anlagevermögen bei langfristig gesicherter Produktionssubstanz. Das materialbezogene Umlaufvermögen sollte im Rahmen des vorgegebenen Servicegrades minimiert werden (siehe auch 3.12). Zu beachten ist die Zusammensetzung des Net Assets im Hinblick auf die Kostenstruktur: Ein hohes Anlagevermögen führt zu einem hohen Fixkostenanteil und verschlechtert die Reagibilität bei Nachfragerückgang.

Maßnahmen

- Investitionen auf Profitabilität prüfen (Investitionsrechnung)
- Einsatz flexibler Einrichtungen (Agile Fertigungssysteme)
- Montagestraßen für mehrere Typen
- Optimale Nutzung vorhandener Anlagen
- Strategien zur Senkung der Lagerbestände

3.10 Anlagevermögen Produktion

Formel

> Anlagevermögen der Produktionsgebäude
> + Betriebsmittel
> + Lagereinrichtungen
> + Transporteinrichtungen
> + sonstige Geschäftsausstattung
>
> **= Anlagevermögen Produktion**

Beispiel (2.1/T1)

Aus Vereinfachungsgründen wird hier ein Buchwert von 8 Mio. € unterstellt.

Erläuterung

Die Ermittlung des Anlagevermögens erfolgt durch die Summe der Buchwerte aus den Zahlen der Anlagenbuchhaltung. Wiederbeschaffungswerte (Marktwerte) der Einrichtungen ergeben ein realistischeres Bild des tatsächlichen Anlagevermögens als die Buchwerte, sind jedoch aufwendiger zu ermitteln. Vereinfacht kann bei einer stetigen Reinvestitionspolitik ein durchschnittliches Anlagevermögen (0,5 x Anschaffungswert) angesetzt werden.

Ein niedriges Anlagevermögen ist Ausdruck einer angestrebten kapitalarmen Fertigung, kann aber auch auf einen eingetretenen Substanzverlust des Maschinenparks hinweisen. Die Beurteilung des Anlagevermögens ist u. a. beeinflusst durch die Unternehmensstrategie und das Produktportfolio. Durch Leasing verringert sich das Anlagevermögen bei gleicher Produktionssubstanz.

Maßnahmen

- Investitionen auf Profitabilität prüfen (Investitionsrechnung)
- Einsatz flexibler Einrichtungen (Agile Fertigungssysteme)
- Montagestraßen für mehrere Typen
- Maximale Nutzung vorhandener Anlagen

3.11   Anlagendeckung Produktion

Formel

$$\frac{\text{Eigenkapital} + \text{langfristiges Fremdkapital}}{\text{Anlagevermögen}}$$

Beispiel (2.1/T1)

$$\frac{3 \text{ Mio.} + 7 \text{ Mio.}}{8 \text{ Mio.}} = 1,25$$

Erläuterung

Die Kennzahl zeigt an, in welchem Umfang das Anlagevermögen (siehe 3.10) durch langfristig verfügbares Kapital gedeckt ist. Anzustreben ist ein Wert nahe oder größer 1. Die Forderung dient der Vermeidung risikoreicher kurzfristiger Finanzierungen für langfristig benötigte Einrichtungen und berücksichtigt die Forderung, langfristig benötigtes Vermögen auch langfristig zu finanzieren (Fristenkongruenz). Die Kennzahl wird üblicherweise für das Gesamtunternehmen ermittelt, ist aber auch für die Produktion als weitaus größtem Kapitalverbraucher angezeigt. Die Kennzahl wird auch als Anlagendeckungsgrad II bezeichnet.

Der alternativ einsetzbare Anlagendeckungsgrad I bezieht lediglich das Eigenkapital auf das Anlagevermögen, ist allerdings in der Betriebspraxis kaum realistisch.

Maßnahmen

- Produktionsinvestitionen mit Finanzplanung abstimmen
- Eigenkapitalanteil erhöhen durch höheren Cashflow
- Gewinnung von Gesellschaftern bzw. Kapitalerhöhung
- Vorgabe eines mit der Strategie abgestimmten Investitionsbudgets
- Investitionen auf Profitabilität prüfen (Investitionsrechnung)
- Einsatz flexibler Einrichtungen (Agile Fertigungssysteme)
- Montagestraßen für mehrere Typen
- Maximale Nutzung vorhandener Anlagen

3.12 Working Capital Produktion

Formel	Beispiel (2.1/T1)
Materialbestand	290.000
− kurzfristige Verbindlichkeiten aus Lieferungen	− 15.000
= Working Capital	**= 275.000 €**

Erläuterung

Das Working Capital ermittelt sich top down aus der Bilanz, indem das Umlaufvermögen um die Lieferantenverbindlichkeiten reduziert wird. Da flüssige Mittel vom Produktionsmanagement kaum beeinflussbar und schwierig zu operationalisieren sind, werden zudem häufig auch die flüssigen Mittel abgezogen. Die für das Produktionsmanagement praktikablere, hier verwendete bottom-up-Berechnung ermittelt die bewerteten Materialbestände und bringt dazu die Lieferantenverbindlichkeiten aus der Kreditorenbuchhaltung zum Abzug.

Ein Bestandsaufbau erhöht das Working Capital und zwar auf Kosten der Liquidität 1. Grades und zugunsten der Liquidität 3. Grades und ist deshalb abzulehnen. Eindeutig ist deshalb im Produktionsmanagement immer ein geringes Working Capital anzustreben. Unternehmen reagieren darauf mit gezieltem Working Capital-Management. Die Kennzahl ist über die Kapitalbindung und die Lagerkosten eine wirksame Stellgröße auf den ROI und weiterer Erfolgsfaktoren der Finanzperspektive.

Ein hohes Working Capital kann innerbetrieblich bedingt, aber auch ein Indikator für eine schlechte Absatzsituation sein (Lageraufbau).

Maßnahmen

- Gezieltes Working Capital-Management
- Just in Time, klassisches Kanban, B2B-Kanban
- Production on Demand, Packaging on Demand
- Vendor Managed Inventory
- Cross Docking zur Verringerung der Lagerbestände
- Bestandscontrolling mit ERP-System

3.13   Work in Process

Formel

> Σ Bestandswert der unfertigen Erzeugnisse im Produktionsprozess

Beispiel (2.5/T20)

3.000 + 1.500 + 1.500 + 750 + 2.400 + 1.200 = 10.350 €

Erläuterung

Work in Process (WIP) bewertet die unfertigen Produkte auf der Basis der Auftragskalkulation. Im Bestandswert enthalten sind die aktuell angefallenen Fertigungskosten der in Arbeit befindlichen Produkte einschließlich der bereits entnommenen Materialien. Bei Auftragsende (Lagerzugang der fertigen Produkte) wird der WIP-Wert entlastet.

Ein hohes WIP signalisiert eine hohe Kapitalbindung mit entsprechender Liquiditätsbelastung und Kapitalkosten. Dies kann vor allem im Anlagenbau zu kritischen Liquiditätssituationen führen. Ferner fallen hohe Zinskosten in den vorfinanzierten Geschäftsprozessen an.

Hauptstellgrößen auf die Kennzahl sind die Beschleunigung des Auftragsdurchlaufs sowie Pull-Szenarien in der Auftragsabwicklung.

Maßnahmen

- Maßnahmen zur Duchlaufzeitreduzierung und Bestandssenkung
- Übergang vom Szenario Make to Order zu Make to Stock
- Postponing-Strategien mit späterem Variantenbestimmungspunkt
- Maßnahmen zur Vorfinanzierung der Aufträge
- Mass Customization
- Prozess- und Projektterminierung mit ERP

3.14   Operatives Betriebsergebnis

Formel	**Beispiel (2.1/T1)**
Umsatz	(6.000 x 1.200)
− variable Kosten des Umsatzes	− (6.000 x 600)
− Fixkosten	− 2 Mio.
= Operatives Betriebsergebnis	**= 1,6 Mio. € / Jahr**

Erläuterung

Das Betriebsergebnis kann sowohl mit dem Gesamtkostenverfahren (hier werden u. a. Bestandszunahmen als Leistung behandelt) als auch mit dem Umsatzkostenverfahren ermittelt werden. Letzteres eignet sich wegen der geringeren Manipulationsgefahr und der einfacheren Ermittlung besser für operative Bereiche, wird also hier präferiert. Der Umsatz ermittelt sich wie folgt:

Outputmenge x Standardpreis / Stück

Die variablen Kosten umfassen die beschäftigungsabhängigen Selbstkosten des Umsatzes.

Im Gegensatz zum Betriebsergebnis des Unternehmens können die Leistungen eines operativen Bereichs häufig nicht zum Marktpreis bewertet werden. Ersatzpreise können dann Verrechnungspreise der produzierten Leistungen oder Target Prices sein, letztere ermittelt mit dem Target Costing. Die Fixkosten bestehen im Wesentlichen aus den kalkulatorischen Abschreibungskosten (soweit der Zeitverschleiß überwiegt), kalkulatorischen Zinskosten, den Raumkosten, Fertigungsgehältern und den Lohnkosten des Fixpersonals. Die Kennzahl wird vor Steuern ermittelt. Sie ist als Benchmark zum Vergleich von Produktionsbereichen geeignet.

Maßnahmen

- Höhere Zielpreise durch Funktionsverbesserung der Produkte
- Fixkostenabbau durch schlankere Organisation
- Prozessoptimierung mit geringeren variablen Stückkosten

3.15 Break-Even-Menge

Formel

$$\frac{\text{Fixkosten pro Jahr}}{\text{Stückdeckungsbeitrag}}$$

Beispiel (2.1/T1)

BEP-Menge:

$$\frac{2.000.000}{(1.200 - 600)} = 3.333 \text{ Stück/Jahr}$$

Iststückzahl: 6.000 > BEP-Menge = 3.333 → Gewinnzone erreicht

Erläuterung

Der Break Even Point (BEP) zeigt die Jahresmenge, die zum Erreichen eines ausgeglichenen Betriebsergebnisses (3.14) notwendig ist. Er kann für das Unternehmen, aber auch für einen operativen Bereich (z. B. Produktion, Produktionssegment) ermittelt werden. Ist die tatsächliche Jahresstückzahl größer als die Break-Even-Menge, so arbeitet der Produktionsbereich mit positivem Ergebnis (siehe 3.14). Bei heterogenem Produktionsprogramm sind Äquivalenzmengen anzusetzen.

Die Break-Even-Analyse wird vor allem zur Planung neuer Werke erstellt, wobei die prognostizierte Absatzstückzahl größer als die geplante BEP-Menge sein soll. Eine relativ zur Maximalausbringung hohe Break-Even-Menge erhöht dabei das finanzielle Risiko des jeweiligen Bereichs.

Maßnahmen

- Erzielen höherer Stückdeckungsbeiträge
- Fixkostenabbau durch schlankere Organisation
- Geringere Fixkosten durch Fremdvergabe von Teilen
- Ermitteln der BEP-Menge mit alternativen Szenarien (Konkurrenzaktionen)
- Ausnutzen von Skalierungseffekten

3.16 Abnutzungsgrad Anlagen

Formel

$$\frac{\text{kumulierte Abschreibungen}}{\text{Anschaffungswerte der Anlagen}}$$

Beispiel (2.1/T1)

$$\frac{12,5 \text{ Mio.} - 8 \text{ Mio.}}{12,5 \text{ Mio.}} = 0,36$$

Erläuterung

Die Kennzahl dient zur Überwachung der Substanzerhaltung der Produktionsanlagen. Ein hoher Abnutzungsgrad (nahe 1) ist ein Indikator für einen drohen-
den Verlust der Produktionssubstanz durch einen veralteten Maschinenpark.

Die Abschreibungen sind aus der Anlagenbuchhaltung z. B. aus Anschaffungswert abzüglich Buchwert ermittelbar. Da die Forderung nach Substanzerhaltung auch mit Leasing-Anlagen erfüllt werden kann, sind diese angemessen
zu berücksichtigen, beispielsweise durch Ansatz eines Anschaffungswertes und
einer fiktiven kalkulatorischen Abschreibung.

Die Kennzahl sollte im Kontext mit der Unternehmensstrategie beurteilt werden. So rechtfertigen Poor-Dog-Produkte einen höheren Abnutzungsgrad als
Question-Mark- und Star-Produkte mit ihrer offensiven Investitionspolitik. Alternativ kann statt des Anschaffungswertes der Wiederbeschaffungswert als
Basis verwendet werden.

Als ergänzende Kennzahl dient der Investitionsgrad (3.17).

Maßnahmen

- Mit der Unternehmensstrategie abgestimmte Investitionspolitik
- Vermeiden eines Substanzverlusts durch Ersatzinvestitionen

3.17 Investitionsgrad

Formel

$$\frac{\text{jährliche Investitionen}}{\text{jährliche Abschreibungen auf Produktionsanlagen}}$$

Beispiel (2.2/T5)

$$\frac{400.000}{1,2 \text{ Mio.}} = 0,33$$

→ die langfristige Substanzerhaltung ist nicht gewährleistet

Erläuterung

Die Kennzahl dient als jährlicher Indikator für die Substanzerhaltung der Produktionsanlagen. Die Ermittlung erfolgt bottom up aus den getätigten Investitionen (Anlagenbuchhaltung) und den kalkulatorischen Abschreibungen.

Ein Wert > 1 zeigt, dass in die Produktionssubstanz mehr investiert wird als verloren geht. Werte < 1 zeigen langfristig einen Substanzverlust. Eine starre Orientierung ist allerdings nicht sinnvoll. Die Kennzahl sollte vielmehr im Kontext mit der Unternehmensstrategie beurteilt werden.

Da die Forderung nach Substanzerhaltung auch mit Leasing-Anlagen erfüllt werden kann, sind diese angemessen zu berücksichtigen, beispielsweise durch Ansatz eines Anschaffungswertes und einer fiktiven kalkulatorischen Abschreibung.

Maßnahmen

- Mit der Unternehmensstrategie abgestimmte Investitionspolitik
- Orientierung an der Wirtschaftlichkeit der Investitionen

Kapitel 4

Kennzahlen Kundenperspektive

4.1 Relativer Marktanteil

Formel

$$\frac{\text{Umsatz eines Produktes}}{\text{Umsatz des Konkurrenzprodukts des größten Wettbewerbers}}$$

Beispiel (2.3/T7)

$$\frac{7,2 \text{ Mio.}}{6 \text{ Mio.}} = 1,2$$

→ Das Unternehmen ist Marktführer

Erläuterung

Der Marktanteil eines Produktes bzw. einer Produktgruppe ist ein wesentlicher Einflussfaktor auf die Produktion. Langfristig bestimmt der relative Marktanteil den Handlungsrahmen der Produktion und über das Portfolio auch die empfohlenen Normstrategien. Ein relativer Marktanteil > 1 bedeutet die Marktführerschaft. Diese sichert Wettbewerbsvorteile durch Skalierungseffekte. In der Produktion sind dadurch Kostenvorteile durch höhere Losgrößen und durch Fixkostendegression möglich. Häufig kann durch einen hohen Marktanteil der Übergang von Ein- auf Mehrschichtbetrieb erreicht werden. Die Verhandlungsposition mit Zulieferern wird gestärkt. Ein niedriger relativer Marktanteil steht für gegenteilige Wirkungen.

Maßnahmen

- Kundenbindung verbessern (z. B. durch CRM-System)
- Einrichten zusätzlicher Vertriebskanäle (E-Sales)
- Sicherung des Marktanteils durch Produktverbesserung
- Markteinführung neuer Produkte
- Kostenvorteile durch Produktstandardisierung nutzen

4.2   Deckungsbeitrag pro Kunde

Formel   **Beispiel (2.3 / T8)**

	Umsätze eines Kunden	5,6 Mio.
−	variable Kosten des Umsatzes (Kunde 4712)	− 2,8 Mio.
=	**Deckungsbeitrag pro Kunde**	**= 2,8 Mio.**

Erläuterung

Ausgangspunkt ist der Stückdeckungsbeitrag, errechnet aus Stückpreis − variable Selbstkosten. Die Addition der Deckungsbeiträge über alle Aufträge eines Kunden ergibt den Kundendeckungsbeitrag:

Deckungsbeitrag pro Kunde = Σ (Auftragsmenge x Stückdeckungsbeitrag)

Der Deckungsbeitrag pro Kunde ermöglicht eine Kundensegmentierung: Kunden, die ca. 80 % des gesamten Jahresdeckungsbeitrags des Unternehmens ausmachen, sind A-Kunden (hier: 4.712) mit großem Einfluß auf das Unternehmensergebnis. Kunden mit ca. 5 % des Jahresdeckungsbeitrags sind C-Kunden. In der Mitte liegen die B-Kunden (hier: 4.714).

Kundenaufträge mit hohem Deckungsbeitrag bzw. Aufträge von A-Kunden haben einen großen Einfluss auf das Unternehmensergebnis. A-Kunden sind risikoreicher bei Qualitätsproblemen und anspruchsvoller bezüglich der Kundenbindung. C-Kunden verursachen i.d.R. einen relativ hohen Aufwand zur Auftragsabwicklung. C-Kunden erfordern oft einen relativ hohen Planungsaufwand und hohe Werkzeugkosten. Die Produktionsverfahren sollten gezielt nach Kundenklassifizierung eingesetzt werden (teure Verfahren für A- und B-Kunden, einfachere für C-Kunden).

Maßnahmen

- Aufwendigere Verfahren nur für A-Kunden
- Einfachere Verfahren oder Fremdvergabe für C-Kunden
- Kooperative Produktentwicklung mit A-Kunden zur Funktionsverbesserung

4.3 Umsatzanteile Produktportfolio

Formel

$$\frac{\text{Umsatz Produktklassifizierung}}{\text{Gesamtumsatz}} \times 100\,\%$$

Beispiel (2.3/T7)

Umsatzanteil Stars: $\dfrac{7,2 \text{ Mio.}}{16,2 \text{ Mio.}} \times 100\,\% = 44,4\,\%$ (Getriebe)

Umsatzanteil Cash Cows: $\dfrac{9 \text{ Mio.}}{16,2 \text{ Mio.}} \times 100\,\% = 55,6\,\%$ (Werkzeuge)

Erläuterung

Entsprechend der Klassifizierung der Produkte im Portfolio (1.2) kann das gesamte Programm nach Marktwachstum und relativem Marktanteil evaluiert werden. Aufschlussreich ist dabei der Umsatzanteil der Portfoliopositionen. Star-Produkte im Produktionsprogramm sichern die Wettbewerbsfähigkeit in der Zukunft, erfordern aber einen hohen Kapitalaufwand, sind jedoch zukünftige Cash-Generatoren. Cash Cows sind die Profitbringer des Unternehmens. Star- und Cash-Cow-Produkte rechtfertigen aufwendigere Produktionsverfahren und höhere Investitionen. Niedriges Wachstum bei hohen Segmentdeckungsbeiträgen rechtfertigt allein noch keinen Marktaustritt (siehe auch Beispiel 2.3, Segment Werkzeuge).

Nachteilig an der Kennzahl ist ferner die starke Marketingfokussierung (Marktwachstum und Marktanteil). Die Profitabilität wird nicht berücksichtigt. Hier liefert das Wettbewerbsstärke- und Marktattraktivitätsportfolio weitere Aufschlüsse.

Maßnahmen

- Erweiterungsinvestitionen auf Star-Produkte konzentrieren
- Erhaltungsinvestitionen vorwiegend für Cash-Cow-Produkte
- Kostengünstigere Verfahren und Fremdbezug für Poor-Dog-Produkte
- Produktüberarbeitung (Relaunch) für Poor-Dog-Produkte

4.4 Stufenweise Deckungsbeiträge

Formel

> DB1 = Umsatz − variable Kosten des Erzeugnisses
> DB2 = DB1 − Erzeugnisfixkosten
> DB3 = DB2 − Erzeugnisgruppenfixkosten
> DB4 = DB3 − unternehmensfixe Kosten

Beispiel (2.3/T7)

DB1 (Getriebe) = 7,2 Mio. − 3,6 Mio. = 3,6 Mio.	Getriebe kurzfristig erfolgreich
DB2 = DB3 (Getriebe) = 3,6 Mio. − 2 Mio. = 1,6 Mio.	Getriebe langfristig erfolgreich
DB1 (Werkzeuge) = 9 Mio. − 4 Mio. = 5 Mio.	Werkzeuge kurzfristig erfolgreich, auch im Vergleich mit Getrieben
DB2 (Werkzeuge) = DB3 = 5 Mio. − 1 Mio. = 4 Mio.	Werkzeuge langfristig erfolgreich, auch im Vergleich mit Getrieben
DB4 = 1,6 Mio. + 4 Mio. − 1,2 Mio. = 4,4 Mio.	Unternehmen langfristig erfolgreich

Erläuterung

Durch Zuordnung von Deckungsbeiträgen zu Erzeugnissen (DB1 und DB2), Erzeugnisgruppen (DB3) und Unternehmen (DB4) wird eine abgestufte Erfolgsbeurteilung ermöglicht. Dazu sind ab dem DB2 die jeweiligen Fixkosten einer Aggregationsstufe zu berücksichtigen.

Der DB1 als der übliche Deckungsbeitrag ist der kurzfristige Erfolgsmaßstab für ein Produkt.

4.4　Stufenweise Deckungsbeiträge

Der DB2 entsteht durch Abzug der erzeugnisfixen Kosten (z. B. Gehälter für Ingenieure, die nur für dieses Erzeugnis tätig sind) vom DB1. Er ist ein langfristiger Erfolgsmaßstab für ein Produkt.

Der DB3 errechnet sich durch Abzug der Fixkosten, die nur für diese Erzeugnisgruppe anfallen (z. B. Fixkosten einer Produktionsabteilung, die für die gesamte Erzeugnisgruppe arbeitet). Er zeigt den langfristigen Erfolg einer Produktgruppe.

Der DB4 ermittelt sich nach Abzug der Fixkosten, die keinem Erzeugnis oder keiner Erzeugnisgruppe zugeordnet werden können (z. B. Fixkosten der zentralen Personalverwaltung). Der DB4 zeigt, ob das Gesamtunternehmen erfolgreich arbeitet. Er entspricht dem Betriebsergebnis (3.14).

Bei tiefer gestuften Erzeugnishierarchien sind entsprechend mehr Deckungsbeitragsstufen zu berücksichtigen. Besteht das Segment aus nur einem Produkt, ist DB2 mit dem Segmentergebnis DB3 identisch.

Sofern Erzeugnisgruppen mit Absatzsegmenten identisch sind, wird mit dem D3 der Segmentdeckungsbeitrag ausgewiesen. Daraus leitet sich der Begriff Absatzsegmentrechnung für die stufenweise Deckungsbeitragsrechnung ab. Daneben können Segmente auch innerbetrieblich definiert werden als selbstverantwortlich gesteuerte Produktionsbereiche mit Ergebnisverantwortung. Für beide Arten von Segmenten wie auch für die zugrundeliegenden Produkte lassen sich die Erfolge mit Deckungsbeiträgen beurteilen.

Problematisch bei der Erfolgsbeurteilung ist die Prognoseunsicherheit.

Maßnahmen

- DB1 < 0:　Produktbezogene Rationalisierungsmaßnahmen bzw. Funktionsverbesserung
- DB2 < 0:　Produktbezogene Fixkostenabbau bzw. Prüfen eines Marktausstiegs
- DB3 < 0:　Marktausstieg der Erzeugnisgruppe prüfen
- DB4 < 0:　Unternehmensbezogene Rationalisierungsmaßnahmen, u. U. Unternehmensverkauf

4.5 Produktionsbedingte Reklamationen

Formel

$$\frac{\text{Kundenaufträge mit produktionsbedingten Reklamationen}}{\text{Gesamtzahl der Kundenaufträge}} \times 100\,\%$$

Beispiel (2.3/T7, T11)

$$\frac{45}{550} \times 100\,\% = 8{,}2\,\%$$

Erläuterung

Die Kennzahl ist ein Teilaspekt der Kundenzufriedenheit. Kundenzufriedenheit wird produktionsseitig durch Fertigungsqualität, aber auch durch Termineinhaltung und Durchlaufzeiten beeinflusst. Erfasst werden von Kunden erhaltene produktionsbedingte Reklamationen durch fertigungsverursachte Qualitätsmängel, Falschlieferungen und Terminüberschreitungen. Fallweise können Schadensmeldungen auch bewertet werden:

$$\frac{\text{Wert der produktionsbedingten Reklamationen}}{\text{Gesamtumsatz pro Jahr}} \times 100\,\%$$

Besonders kritisch sind Reklamationen bei A-Kunden. Reklamationen bei einem Kleinauftrag für einen A-Kunden beinhalten ein zur Stückzahl überproportionales Unzufriedenheitspotenzial. Die Kennzahl sollte deshalb für A-, B- und C-Kunden getrennt überwacht werden.

Die produktionsbedingte Zufriedenheit kann auch im Rahmen einer Kundenbefragung zum Customer Satisfaction Index (CSI) ermittelt werden.

Maßnahmen

- Reduzierung der Durchlaufzeit und der Terminabweichungen
- Null-Fehler-Strategie
- Einsatz eines Internet-Kanals zum Beschwerdemanagement (E-Claims)
- Erfassung objektiver Ausschussgründe im BDE-System

4.6 Produktionsbedingte Kundenverluste

Formel

$$\frac{\text{Produktionsbedingte Kundenverluste}}{\text{Anzahl Kunden}} \times 100\,\%$$

Beispiel (2.3/T7, T11)

$$\frac{3}{70} \times 100\,\% = 4,3\,\%$$

Erläuterung

Die Kennzahl ist ein Indikator für die Kundenbindung. Kundenverluste werden teilweise durch produktionsbedingte Qualitätsmängel und durch Liefertermin-überschreitungen ausgelöst (siehe 4.5). Weitere Gründe sind fehlende oder mängelbehaftete Kooperationsbeziehungen bei der gemeinsamen Produkt- und Verfahrensentwicklung und mangelnde Flexibilität in der Berücksichtigung von Kundenanforderungen. Die Kennzahl sollte wiederum für A-, B- und C-Kunden getrennt ermittelt werden.

Maßnahmen

- Termincontrolling mit ERP-Systemen (Durchlaufzeit, Terminabweichung)
- Mass Customization (kundenindividuelle Massenfertigung)
- Verbesserung der B2B-Kommunikation
- B2B-Beschwerdemanagement (E-Claims)
- Aufbau langfristiger Entwicklungskooperationen mit Kunden
- Production on Demand
- ATP-Prüfung vor Auftragsbestätigung

4.7 Produktionsbedingte Neukunden

Formel

$$\frac{\text{Produktionsbasierte Neukunden pro Jahr}}{\text{Gesamtzahl der Kunden}} \times 100\,\%$$

Beispiel (2.3/T7, T11)

$$\frac{5}{70} \times 100\,\% = 7,1\,\%$$

Erläuterung

Neukunden sichern die zukünftige Wettbewerbsfähigkeit des Programm-Portfolios und die Profitabilität und erweitern den Handlungsspielraum des Produktionsmanagements. Zu erfassen sind Neukunden, die wesentlich aufgrund von Produktionsbedingungen gewonnen wurden – z. B. durch Kosten-, Termin- oder Qualitätsvorteile. Die Kennzahl ist relativ unscharf, jedoch von großer Bedeutung für die Kundengewinnung. Bestandskunden sind für die aktuelle Profitabilität wichtig, Neukunden für die zukünftige.

Zu fragen ist: »Welchen Beitrag kann das Produktionsmanagement zur Neukundengewinnung liefern? Welche Wünsche haben potenzielle Neukunden an die Produktion?«

Die Kennzahl sollte für A-, B- und C-Kunden getrennt ermittelt werden.

Maßnahmen

- Lead Management mit Auswertung der produktionsrelevanten Wünsche von potenziellen Neukunden
- Kooperative Produktentwicklung mit Bestandskunden und Auswertung des Neukundenpotenzials
- KAIZEN, KVP mit Ausrichtung auf potenzielle Neukunden

4.8   Durchlaufzeit Kundenauftrag (Cycle Time)

Formel   **Beispiel (2.3/T9)**

	Termin Auslieferung	4. August
−	Termin Auftragseingang	28. Juli
−	Nichtarbeitstage	− 2
=	**Durchlaufzeit Kundenauftrag (Cycle Time)**	**= 5 Arbeitstage***

Erläuterung

Die Durchlaufzeit (Cycle Time) eines Kundenauftrages ist Maßstab für die schnelle Antwort auf Kundenwünsche. Sie wird auch als Customer Response Time bezeichnet. Der Auslieferungszeitpunkt ist dabei abhängig von der vereinbarten Incoterm-Bedingung anzusetzen. Die Kennzahl kann als Plan- und Istwert ermittelt werden. Eine besondere Bedeutung erhält die Kennzahl im Make-to-Order-Szenario (z.B. im Anlagenbau) wegen der lang andauernden Kapitalbindung (siehe auch 3.13).

Eine geringe Durchlaufzeit verbessert die Kundenzufriedenheit (siehe 4.5 und 4.6) und stellt einen Wettbewerbsvorteil dar. Ferner beeinflusst die Kennzahl die Kapitalbindung: Eine kurze Cycle Time bedeutet i.d.R. einen schnellen Kapitalrückfluss.

Maßnahmen

- Verkürzung der Auftragsübermittlungszeit durch EDI und E-Sales
- Auftragsüberwachung mit ERP
- Verkürzen der Durchlaufzeiten der Produktionsaufträge z.B. durch Production on Demand
- Verkürzen der Wiederbeschaffungszeiten für Kaufteile
- Vermeiden von Medienbrüchen (z.B. telefonische Annahme, Eingabe in Rechner, Ausdruck und anschließender Faxversand) bei der Auftragsabwicklung

* von Schichtbeginn zu Schichtbeginn

4.9 Time-to-Cash-Kundenauftrag

Formel **Beispiel (2.3/T9)**

Termin Zahlungseingang	11. August
− Termin Auftragseingang	− 28. Juli
− Nichtarbeitstage	− 4
= Time-to-Cash-Kundenauftrag	**= 10 Arbeitstage**

Erläuterung

Die Kennzahl Time to Cash beinhaltet die Durchlaufzeit des Kundenauftrages und enthält zusätzlich die Zeiten für den Fakturierungsprozess und den Zahlungsvorgang durch den Kunden. Die Ermittlung kann alternativ auf Basis der Kalendertage erfolgen.

Eine kurze Time to Cash reduziert den Umfang der Vorfinanzierung und damit die Kapitalbindung sowie die Lagerkosten. Die Kennzahl wird damit zur Haupteinflussgröße der Renditekennzahlen ROI, RONA und ROCE.

Maßnahmen

- Optimierung des Mahnprozesses
- Zahlungscontrolling
- Verkürzung der Durchlaufzeiten und der Wiederbeschaffungszeiten in der Produktion
- Autragsabwicklung im Szenario Make to Stock statt Make to Order
- Sofortige Auftragsrückmeldung in der Produktion durch BDE-System
- Cross Docking im Auslieferungslager

4.10　Terminabweichung Kundenauftrag

Formel

	Beispiel (2.3 / T9)
Istliefertermin	4. August
− Sollliefertermin	− 1. August
− Nichtarbeitstage	− 2
= Terminabweichung Kundenauftrag	**= 1 Arbeitstag**

Erläuterung

Die Termineinhaltung (OTD = On Time Delivery) der Aufträge wird durch die Terminabweichung evaluiert. Sie kann als Einzel- oder als Durchschnittswert ermittelt werden:

$$\frac{\text{Summe Terminabweichungen der Aufträge}}{\text{Anzahl Aufträge}}$$

Geringe Terminabweichungen verbessern die Kundenzufriedenheit und die Kundenbindung. Da die Terminzuverlässigkeit aus Kundensicht häufig Bestandteil der Lieferantenbewertung ist, verbessert sich die Wettbewerbssituation. Im Make-to-Order-Szenario und speziell im Anlagenbau haben Terminabweichungen gravierende finanzielle Konsequenzen (Konventionalstrafen). Immer mit zu überwachen sind die 5 % der Aufträge mit den größten Terminabweichungen. Besonders kritisch sind hohe Abweichungen bei A-Kunden.

Maßnahmen

- Überwachen der Auftragsrückstände im ERP-System
- Gezielte Auflösung der Rückstände beginnend mit A-Kunden
- Übergang von kundenorientierter Fertigung zu Lagerfertigung
- Production on Demand
- Effizientere Kapazitätsplanung, Engpassbeseitigung (Constraint Management)

4.11 Kundenauftragsreichweite

Formel

$$\frac{\Sigma \text{ (Auftragsmenge x Standardpreis Produkt)}}{\text{Monatsumsatz}}$$

Beispiel (2.3/T7, T10)

$$\frac{(1{,}44 \text{ Mio.} + 0{,}64 \text{ Mio.} + 2{,}4 \text{ Mio.})}{7{,}2 \text{ Mio.} / 12} = 5{,}18 \text{ Monate}$$

Erläuterung

Der Auftragsbestand besteht aus den bestätigten, noch nicht begonnenen Kundenaufträgen, die mit dem jeweiligen Standardpreis aus der Produktkalkulation oder einem Verrechnungspreis bewertet werden. Aus dem Auftragsbestand lässt sich die Auftragsreichweite in Monaten ermitteln aus:

$$\frac{\text{Wert Auftragsbestand gesamt}}{\text{Umsatz pro Monat bei Vollbeschäftigung}}$$

Die Kennzahl ist ein wichtiger Parameter für die operative Planung in der Material- und Produktionsplanung. Daraus wird das Beschaffungsvolumen und die erforderliche Produktionskapazität abgeleitet. Unter Berücksichtigung des Eigenfertigungsanteils dient sie als Frühindikator für die Beschäftigung der Produktion. So können rechtzeitig Maßnahmen zur Kapazitätsanpassung angestoßen werden.

Maßnahmen

- Gewinnung von Neukunden (Lead Management, Opportunity Management)
- Verkaufsförderungsmaßnahmen (u. a. Cross Selling)
- Annahme von Zusatzaufträgen (Kriterium: Deckungsbeitrag muss erhöht werden)

Kapitel 5

Prozessperspektive

5.1 Durchlaufzeit Produktionsauftrag

Formel

> Auftragsende
> − Auftragsstart
> − Nichtarbeitstage
>
> **= Durchlaufzeit Produktionsauftrag**

Beispiel (2.5/T15, T16)

Plandurchlaufzeit
(25.7. bis 30.7. bei 2 Nichtarbeitstagen) = 5 − 2 = 3 Arbeitstage

Istdurchlaufzeit (vom 25.7. bis 1.8.) = 5 Arbeitstage

Erläuterung

Die Durchlaufzeit (Cycle Time) eines Auftrags ist eine Kennzahl mit weitreichender Wirkung sowohl auf die Finanz- als auch die Kundenperspektive (siehe 4.8). Lange Durchlaufzeiten binden Kapital, erfordern eine Vorfinanzierung von Material- und Fertigungskosten und beeinträchtigen die Wettbewerbssituation. Die Ermittlung erfolgt aus den geplanten bzw. erfassten Auftragszeiten. Der Auftragsstart entsteht durch Freigabe des Auftrags (Statussetzung im ERP-System) bzw. durch Eintritt des Auftrags in die Produktion. Das Auftragsende erhält man durch Lagerzugang oder Rückmeldung im BDE-System. Die Durchlaufzeit ist nicht zu verwechseln mit der Belegungszeit (siehe 5.3) auf dem Betriebsmittel. Die Durchlaufzeit korreliert durch Wartezeiten vor dem Produktionssystem mit der Kapazitätsauslastung und ist damit auch konjunktursensitiv.

Als Planwert lässt sich die Durchlaufzeit bottom up aus den Zeitelementen eines Arbeitsgangs ermitteln. Dies sind: Vorliegezeit + Rüstzeit + (Losgröße x Bearbeitungszeit/Stück) + Nachliegezeit + Transportzeit zum nächsten Arbeitsgang. Die Durchlaufzeit des Auftrags ermittelt sich dann aus der Summe der Arbeitsgangdurchlaufzeiten.

Maßnahmen

- Production on Demand, Kanban-Einsatz
- Belastungsorientierte Freigabe (BOA)
- Vermeiden von Liege- und Transportzeiten
- Auftragscontrolling mit ERP
- Losgrößenoptimierung
- Modular Sourcing (Beschaffung ganzer Baugruppen von Systemlieferanten)

5.2   Terminabweichung der Aufträge

Formel

$$\frac{\Sigma \ (\text{Isttermin} - \text{Solltermin} - \text{Nichtarbeitstage})}{\text{Anzahl Aufträge}}$$

Beispiel (2.5/T17)

$$\frac{(2 + 2 + 3 - 2)}{4} = 1{,}25 \ \text{Arbeitstage/Auftrag}$$

Maximale Terminabweichung = 3 Arbeitstage

Erläuterung

Die Termineinhaltung (OTD = On Time Delivery) ist ein Indikator für die Termintreue. Er beeinflusst die Kundenzufriedenheit und die Kundenbindung. Als zugehörige Kennzahl dient die Terminabweichung. Der Solltermin ist der geplante Endtermin in der Auftragssteuerung, gegebenenfalls korrigiert um Abweichungen der Menge bzw. Losgröße. Die Ermittlung erfolgt üblicherweise in Arbeitstagen. Der Isttermin wird z. B. am BDE-System bei Rückmeldung erfasst, ersatzweise auch durch Lagerzugang der gefertigten Produkte.

Die Terminabweichung ist besonders im Make to Order-Szenario zu überwachen. Hier drohen – speziell im Großanlagenbau – hohe Konventionalstrafen. Immer mit zu überwachen sind die 5 % der Aufträge mit den größten Terminabweichungen. Besonders kritisch sind hohe Terminabweichungen bei A-Kunden. Die Terminabweichung ist auslastungssensitiv.

Maßnahmen

- Überwachen der Auftragsrückstände im ERP-System
- Gezielte Auflösung der Rückstände (5.7) nach A-, B- und C-Kunden
- Ersatz der kundenorientierten Fertigung durch Lagerfertigung
- Production on Demand
- Effizientere Kapazitätsplanung (Beseitigen von Engpässen durch Constraint Management)
- Verfügbarkeitsprüfung (ATP) vor Terminzusage

5.3   Belegungszeit Auftrag

Formel

> Rüstzeit + (Losgröße x Fertigungszeit pro Stück)

Beispiel (2.5/T15, T16)

Planbelegungszeit: 60 + (100 x 10) = 1.060 min/Los (2,2 Tage)
Istbelegungszeit: 54 + (100 x 9) = 954 min/Los (1,99 Tage)

Erläuterung

Die Belegungszeit beginnt mit dem Rüstvorgang und endet mit der Freigabe des Produktionssystems für den nächsten Auftrag. Sie steht für die eigentliche Wertschöpfung am Produkt.

Ermittelt wird sie als Plan- und Istwert. Der Planwert ermittelt sich auf der Basis eines Zeitgrades von 100 % (siehe 5.5). Durch Multiplikation der Planbelegungszeiten mit dem Kostensatz des Produktionssystems (Stundensatz) lassen sich die Planfertigungskosten als Basis der Produktkalkulation errechnen. Die Einlastung der Planbelegungszeit eines Auftrags in die Maschinenkapazität ergibt den Kapazitätsbedarf. Belegungszeiten sind damit kosten- und kapazitätsrelevant. Die Istbelegungszeiten werden z. B. durch das BDE-System ermittelt. Sie sind Ergebnis der individuellen Leistung des Mitarbeiters.

Maßnahmen

- Rüstzeiten reduzieren (Auftragsreihenfolge optimieren)
- Losgrößenoptimierung
- Motivation und Eigenverantwortung der Mitarbeiter stärken
- Verfahrensoptimierung (Technologie, Logistik, Ergonomie)

5.4 Durchlaufzeitfaktor

Formel

$$\frac{\text{Istdurchlaufzeit}}{\text{Istbelegungszeit}}$$

Beispiel (2.5 / T15, T16)

$$\frac{5}{1,99} = 2,51$$

Erläuterung

Die Kennzahl ist ein Maßstab für den nicht wertschöpfenden Anteil an der Durchlaufzeit. Der Idealwert ist 1, d. h. der Auftrag wurde ohne Warte- oder Liegezeiten abgewickelt. Die Ermittlung geschieht durch Auswertung der Auftragsrückmeldungen im BDE-System. Ein hoher Durchlaufzeitfaktor weist auf hohe Liege- oder Wartezeiten hin und ist ein Indikator für geringe Wertschöpfung und höhere Logistikkosten. Häufig gibt er auch Hinweise auf eine nicht optimale Produktionssteuerung.

Der Kehrwert des Durchlaufzeitfaktors wird als Manufacturing Cycle Effectiveness (MCE) bezeichnet. Im obigen Beispiel wäre dies: 1,99 / 5 = 0,4. Der Idealwert ist wiederum 1. Die Kennzahl zeigt den Wertschöpfungsanteil an der Durchlaufzeit.

Kritisch zu prüfen ist die Verbesserung des Durchlaufzeitfaktors durch Investitionen in den Maschinenpark ohne entsprechende Wirtschaftlichkeitsrechnung.

Maßnahmen

- Vorzeitige Auftragsfreigabe vermeiden
- Production on Demand
- Belastungsorientierte Freigabe der Aufträge (BOA)
- Optimierung des Auftragsdurchlaufs
- Vermeiden unnötiger Transporte

5.5   Zeitgrad

Formel

$$\frac{\text{Sollbelegungszeit pro Auftrag}}{\text{Istbelegungszeit pro Auftrag}} \times 100\%$$

Beispiel (2.5 / T15, T16)

$$\frac{1.060}{954} \times 100\% = 111\%$$

Erläuterung

Der Zeitgrad ist ein Maß für die Performance aller an einem Auftrag beteiligten Personen im Zusammenwirken mit dem Produktionssystem.

Die Sollbelegungszeit eines Auftrags (Auftragszeit) ermittelt sich bei Stückproduktion entsprechend 5.3 auf der Basis eines normalen Leistungsniveaus der Mitarbeiter. Üblicherweise wird sie auf das Betriebsmittel, bei vorwiegend manueller Produktion auch auf den Mitarbeiter bezogen. Die Methoden der Ermittlung (z. B. REFA-Zeitstudie, Systeme vorbestimmter Zeiten oder Planzeitschätzung) werden hier nicht dargestellt. Die Istbelegungszeit ist die tatsächlich gebrauchte Zeit, gemessen am Betriebsmittel (Maschine). Ein hoher Zeitgrad erhöht den Output pro Zeiteinheit, verringert die Kapazitätsbelegung und damit die Fertigungskosten / Stück. Ferner kann der Zeitgrad als Basis für einen Leistungslohn (Akkord oder Ausbringungsprämien) dienen. Durch Aggregation des Auftragszeitgrades pro Arbeitsplatz bzw. pro Bereich erhält man Produktivitäts-Benchmarks, die technisch-wirtschaftliche Optimierungsmaßnahmen anstoßen. Der Einfluss des Mitarbeiters auf den Zeitgrad eines Produktionssystems sinkt mit zunehmendem Automatisierungsgrad.

Maßnahmen

- Lohnanreizsysteme (Prämienlohn, Akkordlohn)
- Motivation und Commitment der Mitarbeiter stärken
- Einführung selbststeuernder Fertigungsinseln
- Optimierung der Produktionsverfahren und Produktionsprozesse

5.6 Auftragsreichweite Produktion

Formel

$$\frac{\text{Auftragsbestand}}{\text{Kapazitätsangebot pro Monat}}$$

Beispiel (2.5/T21)

$$\frac{25.000}{4.200} = 5{,}95 \text{ Monate}$$

Erläuterung

Der Auftragsbestand der Produktion entsteht aus den mit dem Kapazitätsbedarf in Fertigungsstunden (siehe Belegungszeiten in 5.3) bewerteten Produktionsaufträgen. Dem wird das Kapazitätsangebot (Summe der verfügbaren Kapazität der Anlagen) in Fertigungsstunden gegenübergestellt. Gegebenenfalls bezieht man die Kennzahl auf die Engpassmaschinen.

Die Auftragsreichweite zeigt, wie lange die Produktion durch bestehende Aufträge ausgelastet ist. Ein hoher Auftragsbestand erhöht die Planungssicherheit und senkt die prognostizierten Fixkosten pro Stück. Ein niedriger Auftragsbestand ist ein Frühindikator und Auslöser für Kapazitätsanpassungen und Vertriebsaktivitäten.

Maßnahmen

- Gezielte Beseitigung von Engpässen (Constraint Management)
- Engpassbezogene Planung des Produktionsprogramms
- Aktivierung von Kapazitäten in der Supply Chain
- Einsatz von ERP-Systemen zur Programm- und Kapazitätsplanung

5.7   Auftragsrückstand

Formel

$$\frac{\text{Volumen nicht abgeschlossener Produktionsaufträge}}{\text{Planbeschäftigung pro Monat}} \times 100\,\%$$

Beispiel (2.5/T21)

$$\frac{750}{2.500} \times 100\,\% = 30\,\%\ \text{des monatlichen Auftragsvolumens}$$

Erläuterung

Die Kennzahl erfasst alle Aufträge, deren Planendtermin zwar in der Vergangenheit liegt, die aber noch nicht rückgemeldet bzw. noch nicht im Lager eingegangen sind. Als Volumen werden die Rückstandsaufträge mit ihren Belegungszeiten (siehe 5.3) addiert. Die Belegungszeiten der nicht abgeschlossenen Aufträge können aus der Kapazitätsplanung im ERP-System entnommen werden. Der Auftragsrückstand ist ein Indikator für Störgrößen in der Produktion und eine unzureichende Kapazitätsplanung.

Ein hoher Auftragsrückstand bedeutet eine Verschlechterung der Kundenzufriedenheit. Auftragsrückstände sind zudem Störgrößen in einer effektiven Produktionssteuerung mit Zwang zu unwirtschaftlichen Maßnahmen (Abbruch anderer Aufträge, Lossplitting).

Maßnahmen

- Make to Stock statt Make to Order
- Rückstände von A-Kunden mit Vorrang auflösen
- Verbesserung der Kapazitätsplanung
- Flexible Schicht- und Arbeitszeitgestaltung
- Setzen einer maximalen Rückstandszeit in Verspätungstagen, ab welcher der Auftrag zwingend abgeschlossen wird
- Supply Chain Management mit verbesserter Grobplanung in der Lieferkette (siehe Kapitel 7)

5.8   Durchschnittliche Auftragslosgröße

Formel

$$\frac{\Sigma \text{ (Losgröße pro Auftrag)}}{\text{Anzahl Aufträge}}$$

Beispiel (2.5 / T17)

$$\frac{480}{4} = 120 \text{ Stück}$$

Erläuterung

Die Auftragslosgröße beeinflusst die Produktkosten, die Nutzung der Ressourcen und die Terminsituation. Die Kennzahl ist die Hauptstellgröße für die Nutzung von Skalierungseffekten (Economies of Scale). Niedrige Losgrößen führen zu anteilig hohen Rüstkosten pro Stück und belegen Maschinenkapazität. Dem stehen geringere Lagerkosten entgegen. Bei kurzen Rüstzeiten, wie sie für CNC-Maschinen typisch sind, können auch niedrige Losgrößen wirtschaftlich sein (Losgröße = 1 ist ein Synonym für ein flexibles Maschinenkonzept für Kleinserien). Die Kennzahl kann auch pro Produkt oder Produktgruppe erhoben werden. Mithilfe von Opimierungsverfahren kann das Minimum von Rüstkosten und Lagerkosten ermittelt werden (Andler'sche Formel, Verfahren von Groff usw.). Sinkende Losgrößen können ferner ein Indikator für eine nicht effiziente Auftragssteuerung sein: Kapazitätsprobleme und Störungen im Materialnachschub führen zusammen mit engen Kundenterminen zu Lossplitting und sogenannten Eilaufträgen mit der Folge kleinerer Lose. Ferner können sie Ausdruck eines ungünstigen Kundenportfolios (Klein- statt Großaufträge) sein. Das Streben nach Rüstkostendegression erfordert größere Lose. Der damit verbundenen Gefahr zu großer Materialvorräte ist durch Pull-Versorgung zu begegnen.

Maßnahmen

- Make to Stock statt Make to Order
- Production on Demand, Postponing-Strategie und Teilefamilienbildung
- Standardisierung der Produkte
- Verfahren zur Losgrößenoptimierung

5.9 Anlagen-Beschäftigungsgrad

Formel

$$\frac{\text{Auslastung}}{\text{Kapazitätsangebot}} \times 100\%$$

Beispiel (2.4/T12)

Planbeschäftigungsgrad: $\dfrac{1.200}{1.525} \times 100\% = 78,7\%$

Istbeschäftigungsgrad: $\dfrac{1.600}{1.525} \times 100\% = 104,9\%$

Erläuterung

Die Kennzahl drückt aus, welcher Anteil des Kapazitätsangebots (verfügbare Kapazität) der Anlage im Plan oder Ist ausgenutzt wird. Üblich ist auch der Begriff Nutzungsgrad. Das Kapazitätsangebot (verfügbare Kapazität) ist definiert durch die Fertigungsstunden (Maschinenstunden), die eine Anlage bei möglicher Vollauslastung zur Verfügung stellt. Die Ermittlung:

Kapazitätsangebot = Brutto-Arbeitszeit − betriebsbedingte Stillstandszeiten

Stillstandszeiten entstehen durch Wartung und Reparaturen. Die Planauslastung ist Ergebnis der Auftragsprognose bzw. der Auftragslage. Ergebnis ist dann der Planbeschäftigungsgrad (Planauslastungsgrad). Die tatsächlich angefallenen Belegungszeiten der Aufträge sind Basis des Istbeschäftigungsgrades (Istauslastungsgrad). Durch kurzfristige Mehrarbeit sind auch Werte > 100% möglich. Ein hoher Beschäftigungsgrad ermöglicht Kalkulationsvorteile durch Fixkostendegression.

Maßnahmen

- Desinvestition unterbeschäftigter Maschinen
- Einsatz agiler Fertigungssysteme zur schnellen Verlagerung
- Kapazitätscontrolling mit ERP-Systemen
- Flexible Schichtmodelle
- Kein Aufbau hoher Kapazitäten (abgestimmte Investitionspolitik)

5.10 Leerkosten einer Anlage

Formel

Leerstunden x fixer Kostensatz der Anlage

Beispiel (2.4/T12, T13, T14)

Planleerkosten: $\dfrac{(1.525 - 1.200) \times 72.000}{1.200} = 19.500\ \text{€/Jahr}$

Istleerkosten: $\dfrac{(1.525 - 1.600) \times 72.000}{1.200} = -4.500\ \text{€/Jahr}$
(das Betriebsergebnis wird um diesen Betrag entlastet)

Erläuterung

Leerkosten entstehen durch Unterbeschäftigung einer Anlage (siehe 5.9). Die Leerstunden ermitteln sich aus Kapazitätsangebot abzüglich der Auslastung. Bewertet werden diese mit dem fixen Kostensatz der Anlage (siehe 5.14). Dieser errechnet sich aus der Plankostenrechnung oder der Maschinenstundensatzrechnung und besteht aus den Jahresfixkosten bezogen auf die verfügbare Kapazität.

Leerkosten als bewertete Unterbeschäftigung einer Anlage stellen generell ein Problem dar. Als nicht gedeckte Fixkosten können sie entweder auf das verbleibende Auftragsvolumen umgelegt oder in das Betriebsergebnis übernommen werden. Im ersten Fall verschlechtert sich die Wettbewerbssituation mit der Folge weiterer Auftragsverluste. Bei Unterbeschäftigung sollte deshalb das Unternehmen nicht mit entsprechenden Preiserhöhungen reagieren. Es besteht ansonsten die Gefahr des Hinauskalkulierens aus dem Markt. Die Kennzahl gehört zu den Kerninformationen des Produktionscontrollings.

Maßnahmen

- Strategiekonforme Investitionspolitik
- Absatzprognosen als Basis von Investitionen
- Agile Produktionsanlagen zur besseren Kapazitätsnutzung
- Auslasten der Anlagen durch Produktionskooperationen mit Fremdunternehmen
- Kapazitätsüberwachung der kapitalintensiven Maschinen mit ERP-Systemen

5.11 Flexibilität der Anlagen

Formel

$$\frac{\text{flexibel einsetzbare Anlagen}}{\text{Gesamtzahl der Anlagen}} \times 100\,\%$$

Beispiel (2.1/T1)

Aus Vereinfachungsgründen wird ein Anteil flexibler Einrichtungen von 20 % unterstellt.

Erläuterung

Flexibel nutzbare Maschinen und Anlagen sind für mehr als ein eigenständiges Produkt nutzbar (Multi Activity Resource) mit schnellem Standortwechsel und unterschiedlichem Stückzahlbereich. Flexibilität ist somit definiert als Produkt-, Standort- und Skalierungsflexibilität. Eine so definierte Flexibilität erlaubt die Umsetzung von Maschinen in andere Standorte und Nutzung für andere Produkte. Skalierungsflexibilität besteht in der Fähigkeit, mit einer Anlage Stückzahlreduzierungen (z. B. bei Poor Dogs) oder -erweiterungen (z. B. bei Star-Produkten) ohne großen Umbau vorzunehmen.

Flexibilität erhöht die Kundenbindung und erleichtert den Markteintritt bei Neukunden mit abweichenden Produktwünschen. Das finanzielle Risiko von Nachfrageschwankungen wird reduziert und die wirtschaftliche Nutzdauer von Maschinen verlängert. Standortvorteile sind leichter realisierbar.

Maßnahmen

- Anlagenplanung auf breites Produktspektrum ausrichten
- Einsatz flexibler Fertigungssysteme und Anlagen in Baukastenprinzip
- Standardisierung der Produktions-IT
- Agile Bearbeitungszentren mit veränderbarer Stationenzahl (One Piece Flow)

5.12 Durchschnittliches Maschinenalter

Formel

$$\frac{\Sigma \,(\text{Alter der Maschine})}{\text{Anzahl Maschinen}}$$

Beispiel (2.1/T1)

Aus Vereinfachungsgründen wird ein durchschnittliches Maschinenalter von 3,4 Jahren unterstellt.

Erläuterung

Das Maschinenalter gibt Hinweise auf die praktizierte Investitionspolitik und die daraus resultierende Substanzerhaltung. Die Kennzahl ist in Zusammenhang mit der Unternehmensstrategie zu sehen. Bei Großmaschinen (z.B. Portalfräsmaschinen, Karusselldrehmaschinen) ist ein höheres Maschinenalter üblich. Die Kennzahl ist unabhängig von der Finanzierungsform (Leasing oder Kauf).

Ein hohes Maschinenalter kann Defizite in der Ersatzpolitik aufzeigen. Die Kennzahl kann ferner ein Indikator für einen schleichenden Verlust an Wettbewerbsfähigkeit sein. Die Beurteilung der Kennzahl hängt von der Unternehmensstrategie und der Stellung der Produkte im Portfolio (4.3) ab. Bei Poor-Dog-Produkten ist ein höheres Maschinenalter akzeptabel.

Das Maschinenalter ist nicht immer aussagefähig: So können vorhandene Grundmaschinen durch Anbau neuer Steuerungen modernisiert werden, ohne dass dies im Alter erkennbar wird. Aussagefähiger ist hier der Investitionsgrad der Anlagen (3.17).

Maßnahmen

- Berücksichtigung bei der Festlegung des Investitionsbudgets
- Überwachung der Kennzahl im Zeitablauf
- Abstimmung mit dem Produktportfolio

5.13 | Deckungsbeitrag pro Fertigungsstunde

Formel

$$\frac{\text{Jahresdeckungsbeitrag}}{\text{Jahresfertigungsstunden}}$$

Beispiel (2.1/T1)

$$\frac{6.000 \times (1.200 - 600)}{30.000} = 120 \text{ €/Fertigungsstunde}$$

Erläuterung

Die Kennzahl ermittelt den kurzfristigen Erfolg eines Profit Centers oder Produktionsbereichs bezogen auf den Output in Stunden.

Die Ermittlung kann top down erfolgen, indem der dem Bereich zurechenbare Deckungsbeitrag auf die Fertigungsstunden bezogen wird. Einfacher ist die Bottom-Up-Ermittlung aus den Kostendaten der Aufträge und den Verrechnungspreisen oder Zielpreisen der hergestellten Produkte:

Deckungsbeitrag pro Auftrag = Losgröße x (Preis – variable Stückkosten)

Als variable Stückkosten können, je nach Umfang der Wertschöpfung, die variablen Herstellkosten oder die variablen Selbstkosten angesetzt werden. Beide Werte sind aus der Produktkalkulation im ERP-System erkennbar.

Die Kennzahl ist Ausdruck der Wertschöpfung eines Produktionsbereichs und Einflussgröße auf das Betriebsergebnis. Eine wichtige Funktion der Kennzahl ist die Unterstützung des unternehmerischen Handelns der Prozessbeteiligten (Act as an Owner). Die Kennzahl ist aussagefähiger als die Kosten pro Fertigungsstunde, da sie auch die Leistungsseite einbezieht.

Maßnahmen

- Selbstverantwortung und Kompetenzen der Mitarbeiter stärken
- Planungsfunktionen an Mitarbeiter im Produktionssystem übertragen
- Erfolgskontrolle und Erfolgsbeteiligung
- KAIZEN

5.14   Fertigungskosten pro Fertigungsstunde

Formel

$$\frac{\text{Fertigungskosten}}{\text{Fertigungsstunden}}$$

Beispiel (2.4 / T12, T13)

Plankostensatz: $\dfrac{(72.000 + 60.000)}{1.200} = 110 \ €/\text{Std.}$

Istkostensatz: $\dfrac{150.000}{1.600} = 93,75 \ €/\text{Std.}$

Erläuterung

Die Fertigungskosten setzen sich im Wesentlichen zusammen aus kalkulatorischen Abschreibungskosten und Zinskosten, Energiekosten, Instandhaltungskosten, Raumkosten, CNC-Programmierkosten, Universalwerkzeugkosten und Fertigungsgehaltskosten. Die Kennzahl enthält im TCO-Ansatz (Total Cost of Ownership) alle Fertigungskosten einschließlich der Kosten für die Produktionssteuerung und Produktionsleitung. In der klassischen Kostenträgerrechnung (Zuschlagskalkulation) sind damit Fertigungseinzel- und Fertigungsgemeinkosten abgedeckt. Als Bottom-Up-Wert kann sie aus dem Maschinenstundensatz ermittelt werden.

Die Kennzahl ist als Plan- oder Istsatz errechenbar und dient zum Kosten-Benchmarking der Fertigung und als Indikator für die wirtschaftliche Fertigung. Der variable Kostensatz bewertet die Fertigungszeiten bei kurzfristigen Verfahrensvergleichen. Der Output findet keine Berücksichtigung, deshalb ist die Aussagekraft gegenüber dem Deckungsbeitrag pro Stunde (5.13) geringer.

Maßnahmen

*   Kostenverantwortung für Mitarbeiter stärken
*   Anstreben einer hohen Auslastung (Fixkostendegression)
*   Standardisierung der Produkte, um Fertigungskosten zu senken
*   Verringerung von Ausfallzeiten an Fertigungsanlagen
*   Planen rüstkostenminimaler Reihenfolgen der Arbeitsgänge
*   Gruppenbildung von Produkten mit ähnlichen Rüstzuständen (Rüstfamilien)

5.15 Kostenabweichung Kostenstelle

Formel

Istkosten − Sollkosten

Beispiel (2.4/T12, T13, T14)

$$\text{Sollkosten:} \quad 72.000 + \left(60.000 \times \frac{1.600}{1.200} \right) = 152.000$$

Verbrauchsabweichung: $150.000 - 152.000 - 2.000 = -4.000$ €/Jahr
Kostenverhalten: wirtschaftlich

Erläuterung

Die Kostenabweichung dient der Beurteilung der Wirtschaftlichkeit einer Kostenstelle. Die Kennzahl – auch als Brutto-Verbrauchsabweichung bezeichnet – zeigt den bewerteten Mehrverbrauch im Ist gegenüber der Vorgabe (Sollkosten). Die Istkosten ermitteln sich aus den in der Buchhaltung erfassten Kosten der Kostenstelle (Fertigungsanlage). Bei Preissteigerungen (hier 2.000 €) oder -verringerungen (Preisabweichungen) sind diese gegebenenfalls noch zu korrigieren, sofern diese nicht von der Stellenleitung zu verantworten sind. Typische Preisabweichungen sind dabei Tariferhöhungen bzw. Preissteigerungen bei Ersatzteilen. Ist die Verbrauchsabweichung > 0 (Istkosten > Sollkosten), so hat die Stelle unwirtschaftlich gearbeitet und der Mehrverbrauch ist von dieser Stelle zu verantworten. Die Kostenkontrolle wird jährlich, teilweise auch monatlich durchgeführt. Eine zu grobe Kostenstellengliederung erschwert die Ursachenforschung von Abweichungen.

Verbrauchsabweichungen zeigen die kurzfristige Kostendisziplin der Stelle. Kostendisziplin sollte jedoch im Zusammenhang mit den langfristigen Erfolgsfaktoren beurteilt werden. Von besonderer Bedeutung ist sie bei der Strategie der Kostenführerschaft.

Maßnahmen

- Wirtschaftlicher Ressourceneinsatz
- Kostencontrolling institutionalisieren, z.B. mit ERP-Systemen
- Kostenstellen an der Planung beteiligen
- Kostenplanung auf Basis der Prozessdaten (Verbräuche, Beschäftigung)

5.16 Rüstkosten pro Auftrag

Formel

Rüstzeit pro Auftrag x Kostensatz des Arbeitsplatzes

Beispiel (2.5/T15, T16)

Sollrüstkosten: $\dfrac{60}{60}$ x 110 = 110 €/Auftrag

Istrüstkosten: $\dfrac{54}{60}$ x 110 = 99 €/Auftrag (bewertet zu Plankosten)

Erläuterung

Rüstzeiten entziehen die Anlagen und Personen einer wertschöpfenden Bestimmung. Ferner stellen sie ein Hindernis für eine flexible Fertigung dar. Die Rüstzeit belegt Personal- und Anlagenressourcen. Die Rüstkosten als bewertete Zeiten sind folglich ein wesentlicher Erfolgsfaktor einer wirtschaftlichen Produktion.

Rüstkosten können auftragsweise als Soll- und Istwert oder als Durchschnittswert über alle Aufträge ermittelt werden. Erhöhte Rüstkosten pro Auftrag können auf eine ungünstige Programmstruktur mit hohem Anteil an Kleinaufträgen hindeuten, ferner auf Störgrößen im Produktionsablauf und in der Produktionssteuerung. Skalierungseffekte (Economies of Scale) zeigen sich zuerst in sinkenden Rüstkosten. Höhere Losgrößen verursachen steigende Lagerkosten und Lagerbestände. Neuere Fertigungsszenarien im Pull-System (Production on Demand) durchbrechen diesen Zusammenhang.

Maßnahmen

- Ermittlung optimaler Losgrößen
- Verbesserung der Kapazitätsplanung
- Make to Stock statt Make to Order
- Postponing-Strategie und Teilefamilienbildung
- Standardisierung der Produkte
- Mass Customization

5.17   Lohnkosten pro Fertigungsstunde

Formel

$$\frac{\text{Lohnkosten} + \text{Lohnnebenkosten}}{\text{Fertigungsstunden}}$$

Beispiel (2.4 / T12, T13)

Lohnkosten pro Fertigungsstunde: $\dfrac{33.000 + 18.000}{1.200} = 42{,}50 \text{ €/Std}$ (als Planwert)

Lohnnebenkostensatz: $\dfrac{15}{27{,}50} \times 100\,\% = 54{,}5\,\%$

Erläuterung

Die Kennzahl umfasst den Fertigungslohn der direkt (Montagearbeiter, Maschinenbediener) und indirekt (Transportarbeiter, Qualitätsprüfer) am Produkt tätigen Mitarbeiter. Er wird auch als Effektivlohn bezeichnet. Produktionsbezogene Verwaltungsfunktionen (Produktionssteuerung, Arbeitsvorbereitung) werden üblicherweise nicht berücksichtigt. Die Lohnnebenkosten enthalten u. a. Urlaubslöhne, Feiertagslöhne, Arbeitgeberanteile zur Sozial- und Arbeitslosenversicherung, Lohnfortzahlung im Krankheitsfall, Beiträge zur Berufsgenossenschaft und sonstige Healthcare-Aufwendungen für die Produktion. Die Kennzahl ist ein Maßstab für die Personalproduktivität in der Fertigung. Sie ist abhängig vom Automatisierungsgrad, deshalb ist sie bei Unternehmensvergleichen nur bedingt aussagefähig. Lohnkosten und Lohnnebenkosten werden auch als Arbeitskosten bezeichnet.

Der Lohnnebenkostensatz in % vom Lohn ist eine häufig eingesetzte weitere Kennzahl.

Maßnahmen

- Einsatz von Qualitäts- und Produktivitätsprämien
- Personaleinsatzplanung mit ERP-Systemen
- Eigenmotivation erhöhen durch flexible Einsatzfelder
- Rationalisierungsmaßnahmen im Produktionsprozess
- Mehrmaschinenbedienung

5.18 Abschreibungskosten pro Fertigungsstunde

Formel

$$\frac{\text{Abschreibungskosten}}{\text{Fertigungsstunden}}$$

Beispiel (2.4/T12, T13)

$$\frac{50.000}{1.200} = 41,67 \ \text{€/Std}$$

Erläuterung

Basis der Kennzahl sind die kalkulatorischen Abschreibungen. Diese berechnen sich aus:

$$\frac{\text{Wiederbeschaffungswert}}{\text{wirtschaftliche Nutzdauer}}$$

Der Wiederbeschaffungswert ist der aktuelle Kaufpreis einer Anlage, beinhaltet also Preisänderungen auf den Anschaffungswert. Er wird auf die wirtschaftliche Nutzdauer – zu unterscheiden von der technisch möglichen Nutzdauer (Lebensdauer) – bezogen. Letztere beträgt für Universalmaschinen häufig zwischen fünf und acht Jahren und wird auch von der Dauerhaftigkeit des Produktprogramms beeinflusst. Abschreibungen auf moderne Produktionsmaschinen sind überwiegend Fixkosten. Hohe Abschreibungen führen deshalb zum Verlust von Flexibilität bei Beschäftigungsabbau (mangelnde Reagibilität der Kosten). Wegen ihres bei kapitalintensiven Anlagen hohen Anteils an den Selbstkosten haben die Abschreibungskosten einen großen Einfluss auf die Wettbewerbsfähigkeit. Die verstärkte Produktion mit bereits abgeschriebenen Anlagen stellt allerdings – außer bei Poor-Dog-Produkten – keine sinnvolle Alternative dar.

Maßnahmen

- Wirtschaftlichkeit von Automatisierungsmaßnahmen prüfen
- Einsatz flexibler und agiler Fertigungssysteme
- Hohe Auslastung anstreben (Mehrschichtbetrieb)
- Konsequente Investitionsplanung

5.19 Zinskosten pro Fertigungsstunde

Formel

$$\frac{\text{Zinskosten}}{\text{Fertigungsstunden}}$$

Beispiel (2.4/T12, T13)

$$\frac{12.000}{1.200} = 10\ \text{€/Stunde (als Planwert)}$$

Erläuterung

Die Kennzahl bewertet die kalkulatorischen Zinsen in der Produktion. Diese sind üblicherweise Bestandteil der Kostenträgerrechnung und werden damit dem Kunden weiterverrechnet. Die kalkulatorischen Zinsen errechnen sich praktikabel nach folgender Beziehung:

$$\frac{\text{kalkulatorischer Zinssatz x 0,5 x Anschaffungswert}}{100}$$

Dabei wird von einem konstanten Tilgungsmodell über die wirtschaftliche Nutzdauer ausgegangen, sodass durchschnittlich der halbe Anschaffungswert zu finanzieren ist. Der Zinssatz entsteht unter der Prämisse einer vollen Fremdfinanzierung, auch wenn der Kauf der Anlage mit Eigenkapital erfolgt. In der Praxis wird häufig ein Zinssatz in Höhe des marktüblichen Fremdkapitalzinses angesetzt. Hier ist auch die Forderung nach einer gewissen Kalkulationskonstanz zu berücksichtigen, die kurzfristig schwankende Werte als nicht operabel vermeidet. Zinskosten haben eine Signalfunktion, da sie näherungsweise auf die Finanzierungskosten des Anlagevermögens hinweisen. Sie gehören zu den Fixkosten, beinhalten also ein Risiko bei Beschäftigungsrückgang.

Maßnahmen

- Zinskosten in der Kostenträgerrechnung berücksichtigen
- Wirtschaftlichkeit von Automatisierungsmaßnahmen prüfen
- Einsatz flexibler und agiler Fertigungssysteme
- Hohe Auslastung anstreben (Mehrschichtbetrieb)
- Konsequente Investitionsplanung

5.20 Instandhaltungskosten pro Fertigungs- stunde

Formel

$$\frac{\text{Instandhaltungskosten}}{\text{Fertigungsstunden}} \times 100\,\%$$

Beispiel (2.4/T12, T13)

$$\frac{12.000}{1.200} \times 100\,\% = 10\,\text{€/Stunde}$$

Erläuterung

Die Instandhaltungskosten beinhalten Ersatzteilkosten und Prozesskosten der Instandhaltung. Letztere ergeben sich aus dem Kostensatz der Kostenstelle Instandhaltung (auch als Prozesskostensatz anwendbar) und den erfassten Instandhaltungsstunden, ermittelt mit einer Kostenstellenplanung (2.4). Die Kennzahl dient auch als Benchmark für einen effizienten Instandhaltungspro- zess.

Instandhaltungskosten stehen in einer Wechselbeziehung zu den Leerkosten der Produktionssysteme (5.10). Sie sind vorwiegend variabel. Eine alternative Kennzahl zur Instandhaltung ist in 5.21 dargestellt.

Maßnahmen

- Berücksichtigung der Instandhaltungskosten bei der Investitionsentschei- dung
- Vorbeugende Instandhaltung
- Einsatz von Teleservice
- Erfassung der Instandhaltungsstunden
- Planen der Kostenstelle Instandhaltung und Einsatz der Prozesskostenrech- nung
- Outsourcing der Instandhaltung prüfen

5.21   Instandhaltungsfaktor

Formel

$$\frac{\text{Instandhaltungskosten}}{\text{Wiederbeschaffungswert}} \times 100\,\%$$

Beispiel (2.4/T12, T13)

$$\frac{12.000}{400.000} \times 100\,\% = 3\,\%$$

Erläuterung

Erfahrungsgemäß korrelieren die Instandhaltungsaufwendungen mit dem Kaufpreis einer Anlage. Der Instandhaltungsfaktor hat sich deshalb als kapital-sensitive Benchmark vor allem für geplante Investitionen bewährt. Die Kennzahl erlaubt die herstellerbezogene oder maschinenspezifische Planung von Instandhaltungskosten. Im Gegensatz zu den Instandhaltungskosten pro Fertigungsstunde reagiert die Kennzahl Instandhaltungsfaktor auf den betriebsmittelbezogenen Kapitaleinsatz. Die Instandhaltungskosten beziehen sich auf den Wiederbeschaffungswert (aktueller Kaufpreis der Anlage).

Der Instandhaltungsfaktor ermöglicht den Vergleich unterschiedlicher Maschinenhersteller einer bestimmten Maschinenart. Die Wechselwirkungen mit den Ausfallkosten der Maschine (Leerkosten) sind zu beachten.

Maßnahmen

- Berücksichtigung des Faktors bei der Investitionsentscheidung
- Vorbeugende Instandhaltung
- Einsatz von Teleservice (Online-Wartung von Maschinen)
- Selbstorganisation der Instandhaltung durch Profit-Center-Mitarbeiter
- Leerzeitorientierter Prämienlohn
- Outsourcing der Instandhaltung prüfen

5.22 Kapitalabhängige Kosten pro Fertigungsstunde

Formel

$$\frac{\text{Abschreibungskosten} + \text{kalkulatorische Zinskosten} + \text{Instandhaltungskosten} + \text{Leasingkosten}}{\text{Fertigungsstunden}}$$

Beispiel (2.4/T12, T13)

$$\frac{50.000 + 12.000 + 2.000 + 0}{1.200} = 53,33 \, €/\text{Std}$$

Erläuterung

Kapitalabhängige Kosten werden direkt oder indirekt durch das in Maschinen und Anlagen investierte Kapital hervorgerufen. Sie sind somit Folgekosten der Investitionsentscheidung. In modernen, automatisierten Produktionssystemen übersteigen die kapitalabhängigen Kosten die lohnabhängigen (5.17) um ein Mehrfaches. Sie sind ein Frühindikator für eine kritische Wettbewerbssituation bei zurückgehender Beschäftigung. Kapitalabhängige Kosten zementieren die Kostenstruktur. Wegen ihres Anteils an den Fertigungskosten und wegen ihrer weitgehend beschäftigungsunabhängigen Struktur (Fixkostenprogression bei sinkender Beschäftigung) sollten sie Objekt intensiver Kostenkontrollen sein. Investitionsentscheidungen sollten immer auch die Folgekosten implizieren. Vor allem das Streben nach höchstmöglicher Automatisierung ohne wirtschaftliche Begründung ist kritisch zu hinterfragen, wie die PIMS-Studie in den USA zeigt.

Maßnahmen

- Mehrschichtige Auslastung anstreben
- Verlagerung von Produktionsmaschinen erleichtern (agile Fertigungssysteme)
- Mehrproduktanlagen und flexible Fertigungssysteme einsetzen
- Wirtschaftlichkeit der Investitionen sicherstellen
- Einsatz von Gebrauchtmaschinen prüfen

5.23 Energiekosten pro Fertigungsstunde

Formel

$$\frac{\text{Stromkosten und Kosten für Prozessenergie}}{\text{Fertigungsstunden}}$$

Beispiel (2.4/T12, T13)

$$\frac{3.000}{1.200} = 2{,}50\ \text{€/Std}$$

Erläuterung

Energiekosten entstehen durch Prozessstromverbrauch und durch sonstige Formen der Prozessenergie (z. B. Wärmebehandlung). Energiekosten sind i. d. R. zum größeren Teil variable Kosten (Arbeitspreis), beinhalten jedoch auch fixe Kosten (Grundpreis, Kosten der Energieverteilung im Werk). Bei energieintensiver Produktion (Rohstoffindustrie) sind sie wesentlicher Bestandteil der Standortqualität, während sie im Maschinenbau einen geringeren Anteil an den Fertigungskosten haben. Die Kennzahl lässt sich auch auf die erzeugte Arbeit (z. B. KWh) beziehen und dann als Benchmark für die Energieversorgung des Unternehmens einsetzen.

Maßnahmen

- Energiesensitive Investitionsentscheidungen
- Begrenzung der Spitzenleistung durch Einsatzmanagement energieintensiver Anlagen (Leistungsbegrenzung)
- Nutzung von Prozessabwärme
- Outsourcing oder Insourcing der Energieversorgung

5.24 Werkzeugkosten pro Fertigungs- stunde

Formel

$$\frac{\text{Kosten für Universalwerkzeuge und/oder Spezialwerkzeuge}}{\text{Fertigungsstunden}}$$

Beispiel (2.4/T12, T13)

$$\frac{2.000}{1.200} = 1,67 \text{ €/Std}$$

Erläuterung

Die Kennzahl für Universalwerkzeuge beinhaltet den gesamten Werkzeugaufwand für typenungebundene Werkzeuge (Fräser, Bohrer, Drehwerkzeuge). Sie werden üblicherweise im Platzkostensatz berücksichtigt. Die Kennzahl umfasst die Beschaffung, Verwaltung, Magazinierung und Instandhaltung der Werkzeuge und ist Benchmark für das Werkzeugmanagement. Sie beeinflusst die Fertigungskosten des Produkts über den Kostensatz der Kostenstelle.

Sonderwerkzeuge (typengebundene Werkzeuge) sind dagegen für bestimmte Produkttypen (z.B. Presswerkzeuge, Spritzgusswerkzeuge) oder Vorrichtungen einsetzbar. Sie sollten dem Auftrag verursachungsgerecht direkt zugeordnet werden. In der Produktkalkulation erscheinen sie als Sondereinzelkosten der Fertigung. Kleinaufträge verursachen i.d.R. höhere Werkzeugkosten als Großaufträge. Eine Umlage auf den Platzkostensatz kann zur Benachteiligung von Großkunden führen.

Maßnahmen

- Werkzeugmanagement als eigenständige Kostenstelle bzw. Cost Center
- Werkzeugversorgung der Produktionsmaschinen mit Kanban
- Vendor Managed Inventory (VMI) für Universalwerkzeuge prüfen
- Produktstandardisierung mit dem Zweck der Mehrfachverwendung
- Einsatz flexibler Fertigungssysteme zur Vermeidung von Sonderwerkzeugen

5.25 IT-Kosten pro Fertigungsstunde

Formel

$$\frac{\text{IT-Kosten}}{\text{Fertigungsstunden}}$$

Beispiel (2.5/T22)

$$\frac{50.000}{30.000} = 1,67\ \text{€/Jahr}$$

Erläuterung

IT-Kosten bestehen aus der Abschreibung der in der Fertigung und in der Produktionsplanung und -steuerung installierten Hardware, aus den Kosten der Software (Lizenzen, Abschreibung) und den Schulungs- und Pflegekosten. Dazu gehören auch die durch das ERP-System verursachten Kosten, soweit sie anteilig auf die Produktion entfallen, nicht jedoch die Kosten für integrierte Maschinenrechner und CNC-Software. Letztere sind in den kapitalabhängigen Kosten der Anlagen enthalten. Hohe IT-Kosten beeinträchtigen durch ihren überwiegenden Fixkostencharakter die Flexibilität bei Beschäftigungsrückgang.

Eine effiziente IT ist andererseits ein Mittel zur Optimierung der Material-, Termin- und Kapazitätsplanung.

Maßnahmen

- Standardisierung der Hardware und Software
- Einsatz integrierter Softwaresysteme
- Sanierung bzw. Austausch des ERP-Systems
- ERP-System im ASP-Modus (verwaltet durch Service Provider)
- Outsourcing der IT

5.26 CNC-Programmierkosten pro Fertigungsstunde

Formel

$$\frac{\text{CNC-Programmierkosten}}{\text{Fertigungsstunden}}$$

Beispiel (2.5/T22)

$$\frac{115.000}{30.000} = 3,83 \text{ €/Stunde}$$

Erläuterung

Programmierkosten entstehen durch die Erstellung von CNC-Programmen für Werkzeugmaschinen und Roboter. Sie werden in der Produktionsplanung oder direkt an der Maschine (WOP = werkstattorientierte Programmierung) erstellt. Bei letzterer Methode entstehen während der Programmierzeit Stillstandskosten an der Maschine. Die Kennzahl ist eine Benchmark für den Programmierprozess.

Die Optimierung der CNC-Programme kann die Fertigungskosten an den Maschinen senken. Hohe Programmierkosten können Ausdruck einer zu großen Teilevarianz sein. Vor allem der Aufwand für neue Programme ist kritisch zu prüfen. Bei Berücksichtigung der Programmierkosten in den Fertigungsgemeinkosten werden Aufträge mit großen Losgrößen ungerechtfertigt belastet. Deshalb sollte überlegt werden, die Aufträge mit hohen Programmierkosten in die Sondereinzelkosten der Fertigung zu übernehmen und auftragsweise abzurechnen.

Maßnahmen

- Teilestandardisierung
- Programmierung an der Maschine (WOP) begrenzen
- Auftragsweise Verrechnung hoher Programmierkosten
- Zentrale Archivierung der CNC-Programme
- Einsatz der Prozesskostenrechnung in der CNC-Programmierung

5.27 Qualitätskosten pro Fertigungs-stunde

Formel

$$\frac{(\text{Prüfkosten} + \text{Fehlerverhütungskosten} + \text{Fehlerkosten})}{\text{Fertigungsstunden}}$$

Beispiel (2.5/T22)

$$\frac{180.000}{30.000} = 6 \, €/\text{Stunde}$$

Erläuterung

Prüfkosten umfassen die Kosten der Qualitätsprüfung in den Bereichen Waren-eingang, Teilefertigung und Endkontrolle. Fehlerverhütungskosten entstehen durch Qualitätsplanung, Schulung und Auditierung. Fehlerkosten fallen durch Ausschuss und Nacharbeit an. Qualitätskosten sind im Kontext mit den Effekten der Qualitätsverbesserung (Kundenzufriedenheit, Kundenbindung) zu sehen.

In der Produktkalkulation sollten Qualitätskosten als direkte Fertigungskos-ten eingehen, indem die Qualitätsprüfung als gesonderter Arbeitsgang mit eigener Kostenstelle und Kostensatz behandelt wird. Nur so ist eine verur-sachungsgerechte Kostenermittlung gewährleistet. Eine pauschale Einstellung in die Fertigungsgemeinkosten verhindert den Aussagewert der Kennzahl als Benchmark.

Hier bietet sich auch die Anwendung der Prozesskostenrechnung an.

Maßnahmen

- Einsatz statistischer Prüfverfahren
- Qualitätsprämien
- Automatisierung der Prüfverfahren
- Verlagerung der Qualitätsprüfung zum Zulieferer
- Reengineering der Prozesse im Qualitätswesen mithilfe von Prozesskosten-sätzen

5.28 Materialkosten pro Stück

Formel

Materialpreis pro Stück + anteilige Materialgemeinkosten pro Stück

Beispiel (2.1 / T4)

$$120 + 120 \times \frac{25}{100} = 150 \text{ €/Stück}$$

Erläuterung

Die Materialkosten ermitteln sich aus dem Beschaffungspreis und den beschafften Mengeneinheiten (Materialeinzelkosten) und den Materialgemeinkosten. Letztere enthalten Verwaltungskosten für den Beschaffungsprozess (Gehälter im Einkauf, Kommunikationskosten, Beschaffungsmarketing) sowie Kosten der Lagerhaltung. In der Produktkalkulation werden die Materialgemeinkosten i.d.R. als Prozentsatz auf die Materialeinzelkosten aufgeschlagen. Durch die prozentuale Kopplung entstehen Kalkulationsverzerrungen. Empfehlenswert ist deshalb die Anwendung von Prozesskosten für die Beschaffungsfunktionen. Für die Kostentreiber des Beschaffungsprozesses (z.B. Anzahl Bestellungen) werden dazu Prozesskostensätze mithilfe der Prozesskostenrechnung (Activity Based Costing) ermittelt.

Die Materialeinzelkosten haben variablen Charakter, die Materialgemeinkosten überwiegend fixen. Wird die Fertigungstiefe verringert, erhöht sich der Anteil der variablen Kosten an den Herstellkosten und die Kostenstruktur wird dadurch flexibler.

Maßnahmen

- Einsatz von Systemlieferanten
- Nachfragegesteuerte Materialabrufe (Kanban) statt fester Bestellmengen
- Einsatz von VMI
- Nutzung von Beschaffungsportalen der Lieferanten

5.29 Fertigungskosten pro Stück

Formel

$$\left(\text{Fertigungszeit pro Stück} + \frac{\text{Rüstzeit}}{\text{Losgröße}} \right) \times \text{Platzkostensatz}$$

Beispiel (2.4/T12, T13 und 2.5/T15)

$$\text{Platzkostensatz:} \quad \frac{(72.000 + 60.000)}{1.200} = 110 \,\text{€/Std}$$

$$\text{Fertigungskosten Arbeitsgang:} \quad \left(10 + \frac{60}{100} \right) \times \frac{110}{60} = 19,43 \,\text{€/Stück}$$

Fertigungskosten Produkt Getriebe = 545 €/Stück **(2.1/T4)**

Erläuterung

Die Fertigungskosten pro Stück beziehen sich auf ein Fertigungssystem (Arbeitsgang) und sind eine bevorzugte Benchmark für den Fertigungsprozess. Das Mengengerüst für die Ermittlung besteht aus den Zeiten im Arbeitsplan und dem Platzkostensatz. Im zeitgemäßen TCO-Ansatz (Total Cost of Ownership) werden alle Fertigungskosten einer Anlage in diesen Platzkostensatz eingebunden (siehe 5.14). Dazu ist eine Kostenplanung durchzuführen. Die in der traditionellen Kostenträgerrechnung praktizierte Methode, die Fertigungsgemeinkosten als Prozentsatz auf die Lohneinzelkosten aufzuschlagen, führt zu Kalkulationsverzerrungen und ist nicht zu empfehlen. Kosten der Auftragsabwicklung, die nicht im Platzkostensatz enthalten sind, sind gegebenenfalls mit der Prozesskostenrechnung zu berücksichtigen (siehe 5.34). Durch Addition über alle durchlaufenen Fertigungssysteme (Arbeitsgänge) ergeben sich die Fertigungskosten eines Produkts. Die Kennzahl ist auslastungssensitiv: Bei hoher Auslastung sinken die Stückkosten durch Verteilung der Fixkosten auf einen höheren Output (Economies of Scale, Fixkostendegression).

Maßnahmen

- Abbau von Unterbeschäftigung
- Optimierung des Fertigungsprozesses
- Losgrößenoptimierung
- Anwendung einer kapitalsparenden Materialversorgung
- Selbstorganisation der Fertigungssysteme

5.30 Variable Fertigungskosten pro Stück

Formel

$$\left(\text{Fertigungszeit pro Stück} + \frac{\text{Rüstzeit}}{\text{Losgröße}}\right) \times \text{variabler Platzkostensatz}$$

Beispiel (2.5 / T12, T13)

$$\left(10 + \frac{60}{100}\right) \times \frac{60}{60} = 10,6\ \text{€/Stück}$$

Der Vergleich mit den Kosten bei Fremdbezug von 17 €/Stück (2.5/T19) zeigt, dass Eigenfertigung bei unveränderten Fixkosten günstiger ist.
Variable Fertigungskosten Produkt Getriebe = 275 €/Stück (2.1/T4)

Erläuterung

Variable Fertigungskosten umfassen die mit der Ausbringungsmenge variierenden Jahreskosten. Variable Fertigungskosten dienen zum Vergleich von Eigenfertigung und Fremdbezug auf der Basis unveränderter Fixkosten (Make or Buy). Ferner sind sie – zusammen mit anderen variablen Kosten – Basis für die Ermittlung des Deckungsbeitrages und der absoluten Preisuntergrenze. Die Verlagerung von Fertigungskosten an Zulieferer transformiert Fixkosten in variable Kosten, sofern komplette Fertigungsbereiche ausgelagert werden.

Variable Fertigungskosten/Stück sind eine Benchmark für die Kostenstruktur im Fertigungsprozess. Ein hoher Anteil variabler Kosten an den gesamten Fertigungskosten erhöht die Reaktionsfähigkeit des Unternehmens.

Maßnahmen

- Rationalisierung der verbrauchsabhängigen Prozesse
- Make-or-Buy-Entscheidungen und Verfahrensentscheidungen auf der Basis verursachungsgerechter Kosten
- Anstreben einer kapitalarmen Produktion

5.31 Herstellkosten pro Stück

Formel	**Beispiel (2.1 / T4)**
Materialkosten	150
+ Fertigungskosten	+ 545
+ Sondereinzelkosten der Fertigung	+ 5
= Herstellkosten pro Stück	**= 700 € / Stück**

Erläuterung

Die Produktherstellkosten ergeben sich aus den Materialkosten und den über alle Arbeitsgänge des Arbeitsplans aggregierten Fertigungskosten.

Da Material- und Fertigungsprozesse eng verzahnt sind, bilden die Herstellkosten eine geeignete Benchmark für den gesamten Produktionsprozess eines Produkts unabhängig von der jeweiligen Fertigungstiefe. Die Herstellkosten sind Basis für die Zurechnung der Gemeinkosten der Verwaltung, Entwicklung und des Vertriebs in der Kostenträgerrechnung.

Die Herstellkosten sind Grundlage für Make-or-Buy-Entscheidungen: Bei langfristigen Entscheidungen orientiert man sich dabei an den vollen Herstellkosten (Fixkosten voll beeinflussbar).

Eine aussagefähige Herstellkostenkalkulation erfordert genaue Platzkostensätze (TCO-Rechnung) und den Einsatz der Prozesskostenrechnung für Verwaltungsprozesse in der Material- und Fertigungswirtschaft.

Die Kennzahl ist kostenzentriert und vernachlässigt die Leistungsseite im Wertschöpfungsprozess.

Maßnahmen

- Optimierung der Fertigungstiefe durch Make-or-Buy-Entscheidungen
- Integrierte Optimierung von Material- und Fertigungsprozessen

5.32   Selbstkosten pro Stück

Formel   **Beispiel (2.1 / T4)**

	Herstellkosten	700
+	Entwicklungsgemeinkosten	+ 70
+	Verwaltungsgemeinkosten	+ 140
+	Vertriebsgemeinkosten	+ 140
+	SEK des Vertriebs	+ 50
=	**Selbstkosten pro Stück**	**= 1.100 € / Stück**

Erläuterung

Die Selbstkosten umfassen alle dem Produkt zugeordneten Kosten. Sie sind ein Abbild aller am Produkt beteiligten Unternehmensbereiche. Die Gemeinkosten für Entwicklung, Verwaltung und Vertrieb werden den Herstellkosten prozentual hinzugerechnet. Die Sondereinzelkosten (SEK) des Vertriebs umfassen z. B. die Verpackungskosten und die Kosten der typengebundenen Werbung.

Die traditionelle Selbstkostenkalkulation führt durch die verursachungsfremde Behandlung der Gemeinkosten und der systemfremden Proportionalisierung der Fixkosten häufig zu Kalkulationsverzerrungen, die insbesondere bei der darauf aufsetzenden Kostenpreisfindung zu Wettbewerbsnachteilen führt.

Hier sind für die Geschäftsprozesse in den Overhead-Funktionen Prozesskostensätze mithilfe der Prozesskostenrechnung (Activity Based Costing) zu ermitteln. Prozesskostensätze bilden die Komplexität des Entwicklungs- und Vertriebsprozesses angemessen ab.

Maßnahmen

* Senkung der Selbstkosten durch Prozessoptimierung in den indirekten Leistungsbereichen
* Anwendung der Prozesskostenrechnung

5.33 Variable Selbstkosten pro Stück

Formel   **Beispiel (2.1 / T4)**

	variable Materialkosten	120
+	variable Fertigungskosten	+275
+	variable SEK-Fertigung	+5
+	variable Gemeinkosten für	
	Entwicklung,	+30
	Verwaltung und	+50
	Vertrieb	+65
+	variabler SEK-Vertrieb	+50
=	**Variable Selbstkosten pro Stück**	**= 600 € / Stück**

Erläuterung

Variable Selbstkosten sind Basis der Deckungsbeitragsrechnung und damit eine bevorzugte Kenzahl für Entscheidungen zur Verfahrenswahl, zum Make or Buy, zur Ermittlung des Segmenterfolgs und zur Break-Even-Analyse. Sie bestehen hauptsächlich aus den Materialeinzelkosten, den variablen Fertigungskosten, den Sondereinzelkosten der Fertigung, den Sondereinzelkosten des Vertriebs und – meist geringer – variablen Anteilen der Gemeinkosten für Entwicklung, Verwaltung und Vertrieb.

Ein hoher Anteil variabler Kosten an den Selbstkosten erhöht die Reaktionsfähigkeit des Unternehmens bei Beschäftigungsschwankungen.

Der Anteil variabler Selbstkosten an den Gesamtkosten korreliert mit der Fertigungstiefe. Eine geringe Fertigungstiefe verbessert die Kostenstruktur, führt aber u. U. zu erhöhten Logistik- und Steuerungskosten und zu einer Verringerung der Planungssicherheit.

Maßnahmen

- Rationalisierung der verbrauchsabhängigen Prozesse
- Make-or-Buy-Entscheidungen auf der Basis relevanter Kosten
- Anwendung einer Teilkostenrechnung parallel zur Vollkostenrechnung

5.34 Prozesskostensatz Fertigungsauftragsabwicklung

Formel

$$\frac{\text{Prozesskosten pro Periode}}{\text{Anzahl Aufträge pro Periode}}$$

Beispiel (2.5/T21)

LMI-Prozesskosten = 230.000 €
LMI-Prozesskostensatz = 230.000 / 400 = 575 €/Fertigungsauftrag

LMU-Prozesskosten = 25.000 €
LMU-Prozesskostensatz = 25.000 / 400 = 62,5 €/Fertigungsauftrag

Gesamter Prozesskostensatz = 637,5 €/Auftrag

Erläuterung

Der Prozesskostensatz zeigt die Verwaltungskosten eines Fertigungsauftrags. Dazu werden die Periodenkosten der am Prozess beteiligten Personen und der Hilfsmittel auf die Anzahl der Aufträge (Cost Driver) bezogen. Prozesskostensätze dienen dem Benchmarking der Verwaltungsprozesse. Ferner sind sie die Basis einer verursachungsgerechten Kalkulation eines Fertigungsauftrags. Gegebenenfalls sind die Prozesse vorher zu segmentieren, z.B. in Kleinaufträge, Großaufträge usw. Bei der Ermittlung wird zwischen leistungsmengenabhängigen Kosten (LMI) und leistungsmengenunabhängigen Kosten (LMU) unterschieden.

Prozesskostensätze können gleichermaßen für Beschaffungs-, Entwicklungs- und Qualitätssicherungsprozesse ermittelt werden. Hohe Prozesskostensätze weisen auf Unwirtschaftlichkeiten im zugrunde liegenden Prozess hin. Hier ist insbesondere der Anteil nicht wertschöpfender Tätigkeiten (Suchen, Transportieren) zu verringern.

Maßnahmen

- Reengineering der Prozesse
- Einsatz von ERP-Systemen zur Beschleunigung und Kostensenkung des Prozesses
- Outsourcing von Prozessen, die nicht zu den Kernkompetenzen gehören
- Einsatz von B2B-Prozessen

5.35 Ausschusskosten

Formel

Ausschussmenge x Kosten pro Ausschussteil

Beispiel (2.5/T18)

Planausschusskosten = 2 x 200 = 400 €/Auftrag
Istausschusskosten = 4 x 200 = 800 €/Auftrag
Ist-Plan-Abweichung = 800 − 400 = 400 €/Auftrag

Erläuterung

Die Kennzahl evaluiert den Ausschuss eines Auftrags in einer Produktionsstufe anhand der Herstellkosten. Diese ermitteln sich aus den bis zur betreffenden Produktionsstufe bzw. im Arbeitsgang angefallenen Material- und Fertigungskosten, sind also Ergebnis einer mitlaufenden Kalkulation durch das ERP-System nach der Beziehung:

Ausschussmenge x Herstellkosten/Mengeneinheit

Die Ausschussmenge ergibt sich aus der Rückmeldung mit dem BDE-System.

Die Kennzahl ist ferner anwendbar als Durchschnittswert pro Auftrag und als Anteil an den gesamten Herstellkosten aller Aufträge. Eine periodische Plan-Ist-Abweichungsermittlung der Ausschusswerte ist angebracht. Die Ausschusskosten sind ergebnisrelevant und ein indirekter Indikator für Störgrößen im Produktionsprozess.

Maßnahmen

- Null-Fehler-Strategie
- Qualitätsprämien
- Ursachenanalyse mit Auswertung von BDE-Daten
- Selbstorganisierte Fertigungssysteme

5.36 Nacharbeitskosten

Formel

$$\frac{\text{Nacharbeitskosten aller Aufträge}}{\text{Anzahl Aufträge}}$$

Beispiel (2.5/T18)

$$\frac{300}{4} = 75 \text{ €/Auftrag}$$

Erläuterung

Nacharbeiten werden meist durch spezielle Nacharbeitsaufträge angestoßen deren Kosten anschließend erfasst werden. Die Kalkulation dieser Nacharbeitsaufträge erfolgt analog zur Fertigungskostenkalkulation mithilfe des ERP-Systems. Die Kennzahl kann auch produkt- oder arbeitsplatzbezogen erhoben werden. Hohe Nacharbeitskosten sind ein indirekter Hinweis auf Störgrößen im Fertigungsprozess. Sie führen häufig zu Kostenabweichungen in der Kostenträgerrechnung.

Nacharbeitskosten sind oft nicht transparent, weil sie in der Kostenrechnung selten verursachungsgerecht erfasst werden. Sie haben jedoch beträchtliche Ergebniswirkungen.

Maßnahmen

- Null-Fehler-Programme
- Qualitätsprämien
- Fehleranalyse mit Auswertung von BDE-Daten
- Selbstorganisierte Fertigungssysteme

5.37   Fertigungskostenanteil

Formel

$$\frac{\text{Fertigungskosten}}{\text{Selbstkosten}} \times 100\%$$

Beispiel (2.1 / T4)

$$\frac{550}{1.100} \times 100\% = 50\%$$

Erläuterung

Wie alle Kostenstrukturkennzahlen dient die Kennzahl als Benchmark für brancheninterne Vergleiche. Der Anteil wird durch die Fertigungstiefe und damit den Umfang der Fremdvergabe beeinflusst. Ein hoher Fertigungskostenanteil ist vertretbar bei rationellen Fertigungsverfahren und terminsensiblen Produkten (Anlagenbau), kann aber auch im Zeitablauf ein Indikator für unwirtschaftliche Fertigungsprozesse sein. Gehört das Fertigungs-Know-how zu den Kernkompetenzen des Unternehmens, rechtfertigt dies gleichfalls einen höheren Anteil. Nachteilig ist der mit den Fertigungskosten einhergehende hohe Fixkostenanteil. Bei Poor-Dog- und Question-Mark-Produkten kann ein geringer Fertigungskostenanteil sinnvoll sein.

Zusammen mit dem Materialkostenanteil können mit der Kennzahl Kostenverschiebungen zwischen der Herstellung und den sogenannten Overhead-Kosten erkannt werden.

Maßnahmen

- Target Costing mit Zielkosten für die Fertigung
- Bei entsprechender Portfoliosituation (Poor Dog) Outsourcing von Fertigungsstufen prüfen
- Bei Star- und Cash-Cow-Produkten gegebenenfalls Insourcing
- Überprüfung von Make-or-Buy-Entscheidungen

5.38 Materialkostenanteil

Formel

$$\frac{\text{Materialkosten}}{\text{Selbstkosten}} \times 100\%$$

Beispiel (2.1/T4)

$$\frac{150}{1.100} \times 100\% = 13{,}6\%$$

Erläuterung

Materialkosten bestehen aus Einstandskosten für das Material (Materialeinzelkosten) sowie aus den Kosten für Beschaffung, Lagerhaltung und Kosten für innerbetriebliche Materialdistribution (Materialgemeinkosten). Die Fertigungstiefe bestimmt den Anteil der Materialkosten.

Ein höherer Materialkostenanteil bietet einerseits die Möglichkeit, Fixkosten in variable Kosten zu wandeln und erweitert somit die Möglichkeit der Kostenbeeinflussung und -reagibilität. Ferner werden die Verwaltungskosten im Beschaffungsprozess verringert. Andererseits wird die Abhängigkeit von Lieferanten erhöht und teilweise auch ein Know-how-Verlust hervorgerufen, wenn der Lieferant zum Wettbewerber wird.

Maßnahmen

- Abwägung der Vor- und Nachteile bei der Festlegung der Fertigungstiefe
- Nutzung von wirtschaftlichen Alternativen der Materialversorgung (z.B. VMI)
- Langfristige Rahmenverträge mit Systemlieferanten
- Supply Chain Management
- Kooperative Entwicklung mit Lieferanten

5.39 Ausbringung Fließfertigungs- anlagen

Formel

$$\frac{\text{Anzahl Schichten x verfügbare Zeit/Schicht}}{\text{Taktzeit x 100\,\%}} \times \text{Anzahl paralleler Systeme x Auslastungsgrad in \%}$$

Beispiel (2.5 / T23)

$$\frac{3 \times 480 \times 2 \times 90\,\%}{12 \times 100\,\%} = 216 \text{ Stück pro Arbeitstag}$$

Erläuterung

Die Kennzahl dient der Planung und Überwachung von Fließsystemen (Montageband, Transfersysteme). Sie geht von einer festen, vorgegebenen Taktzeit aus, die vom wiederum vorgegebenen Produktionsprogramm bestimmt wird. Diese und die weiteren Parameter bestimmen die Ausbringung in Mengeneinheiten pro Arbeitstag. Bei der Wahl der vorgegebenen Taktzeit sind die Anforderungen aus der Arbeitsstrukturierung zu berücksichtigen – u.a. ist ein ausreichend großer Arbeitsinhalt pro Takt erforderlich. Kann mit einer als ausreichend erachteten Taktzeit die Programmstückzahl nicht erreicht werden, ist gegebenenfalls die Zahl der parallelen Fließsysteme und die Anzahl der Schichten zu erhöhen.

Ein hoher Output ermöglicht eine hohe Fixkostendeckung und damit Kalkulationsvorteile mit Auswirkung auf das Betriebsergebnis und die Wettbewerbsfähigkeit. Fließsysteme mit engem Produktspektrum sind wenig flexibel bei Produktänderungen und engen den Spielraum bei Kundenwünschen ein.

Maßnahmen

- Kapazitätsmaßnahmen sollten im Engpass ansetzen
- Mehrprodukt- statt Einproduktsysteme
- Flexible Schichtmodelle
- Montage im Bypass, um Störungen zu begrenzen

5.40 Umschlagshäufigkeit

Formel

Verbrauch pro Tag x Verbrauchstage pro Jahr
durchschnittlicher Bestand

Beispiel (2.6/T25)

$$\frac{20 \times 250}{250} = 20$$

Erläuterung

Die Umschlagshäufigkeit ist die bevorzugte Schlüsselkennzahl zur Beurteilung der Bestandsführung und Lagerwirtschaft. Sie ermittelt sich aus dem durchschnittlichen Bestand (siehe 5.41) und dem Jahresverbrauch der betreffenden Lagerposition. Eine hohe Umschlagshäufigkeit ist ein Indikator für eine effiziente Materialwirtschaft. Dadurch verringert sich die Kapitalbindung im Umlaufvermögen mit direkter Auswirkung auf den ROI. Eine hohe Umschlagshäufigkeit verbessert zudem die Liquidität 1. Grades.

Nachteilig ist ein dadurch möglicherweise verschlechterter Servicegrad mit Auswirkungen auf die Kundenzufriedenheit. Die Umschlagshäufigkeit kann auf einen Artikel, eine Artikelgruppe, ein Lager oder Werk bezogen werden.

Maßnahmen

- Artikel mit geringer Umschlagshäufigkeit (Ladenhüter) auflösen
- Just-in-Time-Versorgung der Fertigung
- Klassisches Kanban und B2B-Kanban
- Production on Demand
- Postponing-Strategien zur Vereinheitlichung der Lagerwirtschaft
- Vendor Managed Inventory
- Cross Docking
- Bestandscontrolling mit ERP-System
- Produktstandardisierung

5.41 Durchschnittlicher Lagerbestand

Formel

Mindestbestand + 0,5 x Bestellmenge

Beispiel (2.6/T25)

200 + 0,5 x 100 = 250 Stück

Erläuterung

Der Lagerbestand bindet Kapital und verursacht Lagerkosten. Er ist damit einerseits eine Stellgröße für den ROI, das Working Capital und das Betriebsergebnis. Andererseits gleicht er Differenzen zwischen Nachfrage und Materialzugang aus. Die angegebene Formel ist bei relativ konstanter Bestellmenge anwendbar. Bei unregelmäßigen Bestellzeitpunkten und Bestellmengen kann der durchschnittliche Lagerbestand alternativ ermittelt werden aus:

$$\text{Durchschnittlicher Lagerbestand} = \frac{\text{Anfangsbestand} + (12 \times \text{Monatsendbestand})}{13}$$

Ein zunehmender Lagerbestand kann Indikator einer verschlechterten Auftragslage sein.

Maßnahmen

- Mindestbestand senken durch zuverlässige Lieferbeziehungen
- Just-in-Time-Versorgung der Fertigung
- Klassisches Kanban und B2B-Kanban
- Production on demand
- Postponing-Strategien zur Vereinheitlichung der Lagerwirtschaft
- Vendor Managed Inventory
- Cross Docking
- Bestandscontrolling mit ERP-System
- Produktstandardisierung

5.42 Kapitalbindung Lager

Formel

> Lagerbestand x Wert pro Mengeneinheit

Beispiel (2.6/T25)

250 x 1.000 = 250.000 €

Erläuterung

Das im Lager gebundene Kapital ist als Kennzahl aussagefähiger als der Lagerbestand. Der Wert pro Stück ist für Controllingzwecke als Einstandspreis, Standardpreis oder als Herstellkosten pro Stück – entsprechend der Fertigungsstufe – anzusetzen. Die Ermittlung erfolgt pro Artikel oder Artikelgruppe und stellt eine leicht zu ermittelnde Größe zum Working Capital (3.12) dar.

Die durch einen Artikel hervorgerufene Kapitalbindung verringert den ROI auf doppelte Weise: durch das höhere Kapital und das durch die Lagerkosten verringerte Ergebnis. Preisänderungen führen zu unterschiedlichen Wertansätzen, weshalb die Kennzahl als branchenübergreifende Benchmark nur bedingt geeignet ist.

Das Auflösen vermeidbarer Lagerbestände generiert Cashflow (siehe 3.4).

Maßnahmen

- Bestandsüberwachung besonders der A-Positionen
- Just-in-Time-Versorgung der Fertigung
- Klassisches Kanban und B2B-Kanban
- Production on Demand
- Postponing-Strategien zur Vereinheitlichung der Lagerwirtschaft
- Vendor Managed Inventory
- Cross Docking
- Bestandscontrolling mit ERP-System
- Produktstandardisierung

5.43 Lagerkostensatz

Formel

$$\frac{\text{Lagerkosten}}{\text{Kapitalbindung}} \times 100\%$$

Beispiel (2.6/T25)

Zinskosten Bestände:
$$\frac{5 \times 250.000}{100} = 12.500 \text{ €/Jahr}$$

Lagerkostensatz
inkl. Zinskosten:
$$\frac{(30.000 + 20.000 + 3.000 + 4.000 + 5.000 + 12.500)}{250.000} \times 100\% = 29,8\%$$

Erläuterung

Der Lagerkostensatz ist eine Benchmark für die effiziente Lagerung, abhängig von Art und Objekt der Lagerung. Er zeigt, welcher Prozentsatz eines Lagerwerts jährlich für die Lagerkosten anzusetzen ist. Er wird aus den in der Kostenplanung des Lagerbereichs angesetzten Lagerkosten (siehe 5.44) und der durchschnittlichen Kapitalbindung (5.42) in diesem Bereich errechnet. Ein so ermittelter Lagerkostensatz dient im Lauf des Planjahres zur retrograden Kalkulation der jährlichen Lagerkosten für ganze Artikelgruppen (5.44), oftmals auch als Benchmark für die gesamte Materialwirtschaft.

Als Bruttowert (TCO-Satz) enthält er die kalkulatorischen Zinskosten des Lagerbestands, als Nettowert wird er teilweise ohne Zinskosten verwendet. In der traditionellen Bestellmengenoptimierung nach Andler ist er zusammen mit den Bestellkosten Gegenstand der Kostenminimierung. Nachteilig an der Kennzahl ist die ausschließliche Kostensicht.

Maßnahmen

- Kostenkontrolle der Bestandsführung
- Bestandsüberwachung besonders der A-Positionen
- Lager durch Lieferanten betreiben lassen
- Zuverlässige Lieferanten, um Mindestbestand senken zu können
- Bestellmengen senken durch Just in Time
- Cross Docking, Kanban-Versorgung der Produktion

5.44 Lagerkosten Artikel

Formel

$$\frac{\text{Kapitalbindung} \times \text{Lagerkostensatz}}{100}$$

Beispiel (2.6/T25)

$$\frac{250.000 \times 29,8\%}{100} = 74.500 \ \text{€/Jahr}$$

Erläuterung

Diese Kennzahl zeigt die Kostenkomponente der Bestandsführung. Die Kapitalbindung ermittelt sich entsprechend 5.42. Der Lagerkostensatz ist ein auf das Jahr bezogener Prozentwert, der die Abschreibung der Lagereinrichtungen, die Personalkosten, die Instandhaltung, die Energiekosten, die IT-Kosten der Lagersteuerung und die kalkulatorische Zinskosten für Lagerwerte umfasst (Berechnung siehe 5.43).

Hohe Lagerkosten beeinträchtigen das Betriebsergebnis und gehen über die Materialgemeinkosten auch in die Herstellkosten ein.

Maßnahmen

- Kostenkontrolle der Bestandsführung
- Bestandsüberwachung besonders der A-Positionen
- Lager durch Lieferanten betreiben lassen
- Zuverlässige Lieferanten, um Mindestbestand senken zu können
- Bestellmengen senken durch Just in Time
- Cross Docking
- Kanban-Versorgung der Produktion

5.45 Mittlere Wiederbeschaffungszeit (Plan)

Formel

$$\frac{\text{Summe Wiederbeschaffungszeiten}}{\text{Anzahl Bestellungen}}$$

Beispiel (2.6/T27)

$$\frac{(3 + 2 + 5)}{3} = 3,33 \text{ Tage (Planwert)}$$

Erläuterung

Die Wiederbeschaffungszeit umfasst die Zeit vom Erkennen des Bedarfs eines zu beschaffenden Artikels bis zur erfolgten Einlagerung. Sie besteht aus den Zeiten der Teilprozesse:

Erkennen des Bedarfs + Auswahl des Lieferanten + Formulieren und Übermitteln der Bestellung + Bereitstellung beim Lieferanten + Transport + Wareneingangsprüfung + Einlagerung

Die Kennzahl beeinflusst die termingerechte Verfügbarkeit eines Artikels in den nachfolgenden Prozessen (Produktion, Vertrieb) und damit auch die Kundenzufriedenheit und die Kundenbindung. Kurze Wiederbeschaffungszeiten erlauben eine Reduzierung der Mindestbestände und sind eine Stellgröße für die Kapitalbindung im Lager.

Maßnahmen

- Elektronische Kanban-Versorgung der Produktion
- E-Procurement
- Abrufe statt Einzelbestellungen
- Bereitstellung des Materials in unternehmensnahen Industrieparks
- Einsatz von EDI (z.B. Edifact) zur elektronischen Übermittlung von Bestellungen

5.46 Terminabweichung Zulieferer

Formel

$$\frac{\Sigma \text{ (Istliefertermin} - \text{Sollliefertermin} - \text{Nichtarbeitstage)}}{\text{Anzahl Bestellungen}}$$

Beispiel (2.6/T27)

$$\frac{(2 + 1 + 1)}{3} = 1{,}33 \text{ Tage pro Bestellung}$$

Erläuterung

Die Kennzahl beurteilt die Termintreue der Zulieferer. Hohe Terminabweichungen wirken als Störgrößen in der Produktion und beeinflussen die Kundenzufriedenheit. Terminabweichungen verursachen ferner eine erhöhte Kapitalbindung durch erforderliche Mindestbestände und Liegezeiten des Materials in den betroffenen Prozessen. Die Terminabweichungen sind Gegenstand des Beschaffungscontrollings unter Einsatz des ERP-Systems. Bei terminkritischen Produkten kann eine Eigenfertigung trotz höherer Kosten angebracht sein. Sofern der Zulieferer keine Terminkonstanz gewährleisten kann, ist dieser gegebenenfalls durch Dispositionsmaßnahmen (z. B. Einplanen der Lieferantenkapazität durch den Besteller) zu unterstützen. Ferner kann dem Lieferanten die Logistikplanung vorgegeben werden.

Maßnahmen

- Vendor Managed Inventory
- Konzentration auf Systemlieferanten
- Lieferantenbeurteilung als Basis der Lieferantenauswahl
- Elektronische Übertragung der Bestellungen (EDI)
- Einbindung der Lieferanten in SCM (siehe Kapitel 7)

5.47 Reichweite des Lagerbestandes

Formel

$$\frac{\text{aktueller Lagerbestand}}{\text{Verbrauch pro Verbrauchstag}}$$

Beispiel (2.6/T25)

$$\frac{300}{20} = 15 \text{ Verbrauchstage}$$

Erläuterung

Die Kennzahl dient vorrangig zur Beurteilung einzelner terminkritischer Materialien in einer konkreten Liefersituation.

Die Reichweite sagt aus, wie lange das Lager bei dem angenommenen Verbrauch lieferfähig ist. Als Durchschnittswert ist sie ferner ein Indikator für eine verschlechterte oder verbesserte Liefersituation. Gegebenenfalls sind offene Bestellungen zum aktuellen Lagerbestand hinzuzurechnen. Die Lagerreichweite sollte immer größer als die artikelspezifische Wiederbeschaffungszeit (siehe 5.45) sein.

Die Kennzahl wird durch Verbrauchsschwankungen beeinflusst. Sie ist deshalb als Steuerungsgröße nur bedingt geeignet.

Maßnahmen

- Einsatz geeigneter Methoden für die Verbrauchsprognose
- Programmgesteuerte Bedarfsermittlung (Stücklistenauflösung) statt verbrauchsgesteuerte
- Kooperative Programmplanung mit Kunden und Lieferanten (SCM)
- Auslieferung aus produktionsnahen Lieferantenlagern (Industrieparks)

5.48 Anzahl Material-Kanbans

Formel

$$\frac{\text{Bedarf} / \text{Tag} \times \text{Wiederbeschaffungszeit in Tagen}}{\text{Menge} / \text{Kanban}}$$

Beispiel (2.6/T28)

$$\frac{200 \times 2}{20} = 20 \text{ Behälter (Kanbans)}$$

Erläuterung

Kanbans sind die Karten, die jeweils einem standardisierten Behälter zugeordnet sind. Mit diesen Behältern und den zugehörigen Karten wird durch das Fertigungssystem Material vom Lager oder einer anderen Quelle angefordert. Die Zahl der Behälter mit ihren zugeordneten, konstanten Inhalten repräsentiert die Gesamtmenge im Versorgungs-Regelkreis. Die Menge pro Behälter (Kanbans) in einer Strecke (Regelkreis) wird als Planungsvorgabe festgelegt. Zur errechneten Anzahl Kanbans sind noch Sicherheitszuschläge hinzuzurechnen.

Zu geringe Kanban-Zahlen in einer Regelstrecke führen zu Störungen im Produktionsablauf (Abreißen der Kanban-Versorgung), zu viele Kanbans erhöhen die Kapitalbindung und beeinträchtigen den Kanban-Effekt. Kanbans erhöhen ferner die Kompetenz und Verantwortung des Mitarbeiters.

Maßnahmen

- Simulation der Kanban-Strecke, bis die optimale Anzahl der Kanbans erreicht ist
- Elektronisches Kanban-System

5.49 Servicegrad

Formel

$$\frac{\text{Anzahl bedienter Materialanforderungen}}{\text{Gesamtzahl Materialanforderungen}} \times 100\,\%$$

Beispiel (2.6 / T24)

$$\frac{90}{100} \times 100\,\% = 90\,\%$$

Erläuterung

Die Kennzahl ist ein Indikator für die Lieferfähigkeit eines Materialversorgungsbereichs (Materiallager, Zulieferer, Produktionsvorstufe) entsprechend der Anforderungen der Produktion.

Ein niedriger Servicegrad (Lieferbereitschaftsgrad) führt zu Störungen im Produktionsprozess (z. B. erhöhte Rüstkosten durch Auftragsunterbrechung) mit
Auswirkungen auf die Durchlaufzeit, Termineinhaltung und die Kundenzufriedenheit. Maximale Servicegrade sind andererseits keine geeignete Zielgröße,
da sie mit einer hohen Kapitalbindung und hohen Lagerkosten verbunden sind.
Das Optimum ist nur unternehmensspezifisch ermittelbar. Unterschiedliche Re-
gelungen für den Servicegrad für A-, B- und C-Kunden sind empfehlenswert.

Maßnahmen

- Vendor Managed Inventory
- Cross Docking
- Bestandscontrolling mit ERP-System
- Senkung der Wiederbeschaffungszeiten durch elektronisches Kanban-System
- ATP-Prüfungen bei Kunden und Lieferanten im Rahmen von SCM

5.50 Mengentreue Zulieferer

Formel

$$\frac{\text{Anzahl Lieferungen ohne Fehlmengen}}{\text{Gesamtzahl der Lieferungen}} \times 100\%$$

Beispiel (2.6/T27)

Mengentreue: $\dfrac{2}{3} \times 100\% = 66{,}6\%$

Mengenabweichung: $\dfrac{-20}{1.100} \times 100\% = -1{,}8\%$

Erläuterung

Die Kennzahl ist Grundlage für die mengenmäßige Beurteilung des Zulieferers oder eines innerbetrieblichen Materialversorgungsbereichs.

Fehlmengen führen zu Störungen im Produktionsprozess. Sie verlängern die Durchlaufzeiten der nachfolgenden Prozesse und verursachen beträchtliche Fehlmengenkosten. Ferner beeinträchtigen sie die Kundenzufriedenheit. Die Mengentreue ist ein Kriterium bei der Lieferantenauditierung.

Ursachen von Mengenabweichungen sind häufig gelieferte Ausschussware, aber auch Kapazitätsengpässe beim Zulieferer. Alternativ kann die prozentuale Mengenabweichung ermittelt werden, indem die Fehlmenge auf die Sollmenge bezogen wird.

Maßnahmen

- Vendor Managed Inventory
- Konzentration auf wenige Systemlieferanten
- Bestandscontrolling mit ERP-System
- Verlagerung der Wareneingangskontrolle zum Zulieferer

5.51 Preisabweichung Zulieferer

Formel

$$\frac{\text{Sollmenge x (Istpreis – Sollpreis)}}{\text{Sollmenge x Sollpreis}} \times 100\%$$

Beispiel (2.6 / T27)

Preisabweichung absolut: 3 x 300 + 0 x 300 + 2 x 500 = 1.900 €

$$\text{relativ:} \quad \frac{1.900}{(300 \times 30 + 300 \times 30 + 500 \times 30)} \times 100\% = 5,75\%$$

Erläuterung

Die Kennzahl beurteilt die Preisdisziplin eines einzelnen oder einer Gruppe von Lieferanten, ausgehend vom Istpreis und dem vereinbarten Preis (Sollpreis) einer Lieferung. Positive Preisabweichungen schwächen die Wettbewerbssituation und führen zur Verschlechterung des Betriebsergebnisses. Die Kennzahl ist, wie gezeigt, als relative Preisabweichung ermittelbar. Die Summe über alle Lieferungen eines Lieferanten evaluiert dessen gesamte relative Preisabweichung eines Jahres:

$$\frac{\text{Summe Preisabweichungen}}{\text{Bestellvolumen zu Sollwerten}} \times 100\%$$

Maßnahmen

- Rahmenvereinbarungen mit Lieferanten
- Vendor Managed Inventory
- Überwachung des Bestellprozesses mit ERP
- Vorgabe von Konditionsbedingungen für einzelne Produkte und Lieferanten
- Gemeinsame Produktentwicklung mit Lieferanten zur Erschließung von Rationalisierungspotenzialen

5.52 Qualitätsabweichung Zulieferer

Formel

$$\frac{\text{fehlerhafte Menge}}{\text{Sollmenge}} \times 100\%$$

Beispiel (2.6/T27)

$$\frac{30}{1.100} \times 100\% = 2{,}73\% \text{ bezogen auf Sollmengen aller Bestellungen}$$

Erläuterung

Die Kennzahl beurteilt das Qualitätsniveau einer einzelnen Lieferung, eines Zu-lieferers oder eines internen Materialversorgungsbereichs.

Qualitätsabweichungen beeinträchtigen den Produktionsprozess und verur-sachen zusätzliche Kosten im Beschaffungsprozess. Sie haben eine direkte Auswirkung auf die Kundenzufriedenheit und erhöhen die Qualitätskosten nachfolgender Produktionsstufen. Qualitätsabweichungen sind bevorzugtes Kriterium zur Lieferantenbewertung. Besonders kritisch sind Qualitätsabwei-chungen bei Lieferung in einer Kanban-Strecke oder bei JIT. Durch die gerin-gen Pufferbestände kommt es sehr schnell zum Abreißen der Kanban-Kette mit anschließendem Produktionsstillstand. Neben der dargestellten relativen Qualitätsabweichung ist ferner ein Summenwert über mehrere Bestellungen eines Lieferanten möglich.

Maßnahmen

- Verlagern der Eingangskontrolle zum Lieferanten
- Auditierung und Zertifizierung der Lieferanten
- Konzentration auf wenige Systemlieferanten
- Verbesserung des Reklamationsprozesses gegenüber Lieferanten (Nutzung von Einkaufsportalen)
- Überwachung des Bestellprozesses mit ERP

5.53 Durchlaufzeit Produktionsprojekte

Formel

Projektendtermin
− Projektstarttermin
− Nichtarbeitstage

= **Durchlaufzeit Produktionsprojekte**

Beispiel (2.7/T30)

Kritischer Weg: Vorgang 1 und Vorgang 3
Projektdurchlaufzeit: Projektstart Di. 29.7. / Projektende Do. 7.8.
4 (Vorgang 1) + 3 (Vorgang 3) = 7 Arbeitstage

Erläuterung

Produktionsprojekte sind Planungs- und Entwicklungsvorhaben für neue Verfahren, neue Produkte, Werksgründungen, Investitionen, IT-Vorhaben. Ihre effiziente Abwicklung bestimmt langfristig die Wettbewerbsfähigkeit der Produktion und auch des Gesamtunternehmens. Ferner ist ihr Erfolg Voraussetzung für die Realisierung der Unternehmensstrategie. Kurze Projektdurchlaufzeiten verringern die Kapitalbindung und die Projektkosten. Sie ermöglichen eine schnellere Nutzung des Umsatz- und Ertragspotenzials von Innovationen. Grundlage zur Berechnung der Arbeitstage ist der Projektkalender des Unternehmens.

Die Durchlaufzeit des Projekts wird auch als Projektdauer bezeichnet. Sie addiert sich aus den zeitlängsten (kritischen) Vorgängen eines Projekts im Produktionsplan.

Maßnahmen

- Überlappung kritischer Vorgänge z. B. durch Simultaneous Engineering
- Kapazitätsplanung im Engpass
- Einsatz von Projektsteuerungssoftware (z. B. MS-Project®, SAP®-ERP-Software)
- Beurteilung des Projekts mit Tollgates (Teilziele im Projektablauf)

5.54 Projektkosten

Formel

> Σ (Belegungszeit x Kostensatz der Ressource) + Σ Materialkosten
> über alle Vorgänge

Beispiel (2.7/T30, T31)

64 x 80 + 16 x 80 + 24 x 80 = 7.320 €

Erläuterung

Die Projektkosten ermitteln sich aus den Belegungszeiten (Bearbeitungszeit) der Ressource (Person, Arbeitsplatz, Kostenstelle) für jeden Vorgang des Projekts. Liege- und Wartezeiten werden dabei nicht berücksichtigt. Zusätzlich sind anfallende Materialkosten zu berücksichtigen, womit der entsprechende Vorgang direkt belastet wird. Projektkosten sind eine bevorzugte Benchmark zur Beurteilung der Projekteffizienz.

Hohe Projektkosten sind ein allgemeines Problem im Unternehmen. Häufig versucht man dies durch eine Worst-Case-Betrachtung zu beherrschen.

Die Projektkosten reduzieren den Rückfluss und gehen in das Betriebsergebnis ein. Für die Liquidität besonders von Anlagenbauern können sie eine ernste Bedrohung darstellen.

Maßnahmen

- Kostenplanung und Kostenüberwachung (z.B. mit MS-Project®, SAP®-ERP-Software)
- Mitlaufende (projektbegleitende) Soll-Ist-Kostenvergleiche

Kapitel 6

Kennzahlen Lern- und Innovationsperspektive

6.1 Innovationsrate

Formel

$$\frac{\text{Umsatz mit neuen Produkten}}{\text{Gesamtumsatz}} \times 100\,\%$$

Beispiel (2.3/T7 und 2.8/T32)

$$\frac{5,2 \text{ Mio.}}{16,2 \text{ Mio.}} \times 100\,\% = 32\,\%$$

Erläuterung

Die Kennzahl zeigt, welcher Anteil des Umsatzes mit neuen Produkten realisiert wird. Neue Produkte sichern die Wettbewerbsfähigkeit der Produktion und vermeiden Poor-Dog-Situationen mit den damit verbundenen geringen Cashflow-Beiträgen.

Was als neues Produkt definiert wird, hängt vom Innovationstempo der Branche ab. Bei Produkten mit langer Marktlebensdauer können dies Produkte sein, die nicht älter als vier Jahre sind. Bei kurzlebigen Produkten kann auch die Einjahresgrenze verwendet werden. Zu kurze Innovationszeiträume beinhalten die Gefahr, dass der Kunde Produktgenerationen überspringt. Bei nicht vorhandenen Preisen kann der Umsatz wiederum aus Verrechnungspreis x Menge ermittelt werden. Die Produktion ist in den Innovationsprozess durch Planung von Verfahren für neue Produkte involviert. Damit bestimmt sie das Innovationstempo wesentlich mit.

Maßnahmen

- Anwendung von Innovationsmethoden (KAIZEN, Wertanalyse)
- Straffes Projektmanagement
- Kooperative Entwicklung mit Kunden und Lieferanten

6.2 Time to Market

Formel

> Beginn Markteinführung
> − Beginn Entwicklung
> − Nichtarbeitstage
>
> **= Time to Market**

Beispiel (2.8/T32)

$$\frac{(720 + 440 + 360)}{3} = 507 \text{ Arbeitstage}$$

Erläuterung

Time to Market ist die bevorzugte Benchmark zur zeitlichen Beurteilung des Innovationsprozesses. Kurze Time to Market sichert ein wettbewerbsfähiges Produktportfolio und bewirkt einen schnelleren Rückfluss durch Kundenerlöse. Die Produktion ist dabei beteiligt durch Aktivitäten zur fertigungsgerechten Konstruktion, Prototypenfertigung sowie Planung und Bereitstellung der Ressourcen für die Fertigung des neuen Produkts. Nachteil einer kurzen Time to Market ist die hohe Liquiditätsbelastung, die durch eine genaue Finanzplanung kontrolliert werden muss. Der Termin der Markteinführung kann ersatzweise aus dem Produktionsstart abgeleitet werden. Die Kennzahl ist auch als Durchschnittswert der Entwicklungsprojekte ermittelbar.

Maßnahmen

- Projektmanagement der Produktentwicklung
- Abstimmung mit Finanzplanung
- Anwendung von Innovationsmethoden (KAIZEN, Wertanalyse)
- Kooperative Entwicklung mit Kunden und Lieferanten
- Cross-funktionale Entwicklungsteams
- Einsatz von Systemlieferanten
- Concurrent Engineering, Simultaneous Engineering

6.3 Anteil Mitarbeiter in selbstorganisierten Fertigungssystemen

Formel

$$\frac{\text{Mitarbeiter in selbstorganisierten Fertigungssystemen}}{\text{Gesamtzahl der Fertigungsmitarbeiter}} \times 100\%$$

Beispiel (2.8/T33)

$$\frac{12}{26} \times 100\% = 46\%$$

Erläuterung

Mitarbeiter in selbstorganisierten Fertigungssystemen sind involviert in Programmplanung, Materialdisposition, Kapazitätsplanung und Terminplanung. Durch unternehmerisches Agieren soll die Motivation und die Identifikation mit den Unternehmenszielen erreicht werden. Selbstorganisierte Fertigungssysteme reagieren flexibler auf Veränderungen der Produkte, Marktbedingungen und Kundenwünsche wie auch auf Störgrößen im Produktionsprozess. Die gegenüber der arbeitsteiligen Organisation etwas höheren Fertigungskosten werden mehr als aufgewogen. Selbstorganisierte Systeme erleichtern zudem moderne Produktionskonzepte wie z. B. Kanban und Production on Demand.

Durch Konzentration auf ein zu fertigendes Produkt (seltener: Verfahren) erhöht sich die Identifikation der Mitarbeiter mit dem Produkt. Die organisatorische Realisierung bedient sich des Cost oder Profit Centers.

Maßnahmen

- Bilden von produkt- oder verfahrensorientierten Fertigungssegmenten
- Weitgehende Dezentralisierung der Planung und Disposition
- Organisation von Fertigungsbereichen als Fertigungssegment
- Organisation als Cost oder Profit Center

6.4 Anteil Mitarbeiter in B2B-Geschäftsprozessen

Formel

$$\frac{\text{Mitarbeiter in B2B-Prozessen}}{\text{Gesamtzahl der Mitarbeiter in Geschäftsprozessen}} \times 100\,\%$$

Beispiel (2.8/T33)

$$\frac{3}{4} \times 100\,\% = 75\,\%$$

Erläuterung

B2B-Prozesse verbessern die Zeit- und Kostenkennzahlen der Geschäftsprozesse. Ferner ermöglichen Sie den einfachen Zugang zu Beschaffungsmärkten und zu den Kunden. Diese Informationen sind auch für das Produktionsmanagement nutzbar. Die Kennzahl zeigt die Kompetenz des Personals, moderne B2B-Techniken in ihren Geschäftsprozessen zu nutzen. Dazu zählen die produktionsnahe Materialdisposition, Beschaffungsprozesse mit Zulieferern und vorgelagerten Produktionsstufen, Arbeitsplanung, Produktionscontrolling, Employee Self Service und Reklamationsbearbeitung. Die Mitarbeiterkompetenz ist Voraussetzung für die Nutzung der Zeit-, Service- und Kostenvorteile von B2B. Dies setzt allerdings die Bereitstellung moderner B2B-Ressourcen voraus.

Maßnahmen

- Einführung von Internetportalen für die Produktionslogistik mit personalisiertem Zugang zu allen Logistikanwendungen
- Schulung der Mitarbeiter in der Anwendungssoftware
- Innerbetriebliche Nutzung im Employee Self Service , z. B. für Urlaubsanträge, Recruiting usw.
- Materialbeschaffung mit B2B-Kanban
- Zugang zu global agierenden Zulieferern
- Reklamationsbearbeitung (E-Claims) über das Internet

6.5 Weiterbildungsaufwand Produktion

Formel

$$\frac{\text{Weiterbildungsaufwand pro Jahr}}{\text{Anzahl Vollzeitmitarbeiter der Produktion}}$$

Beispiel (2.8 / T33)

$$\frac{80.000}{26} = 3.076 \text{ €}$$

Erläuterung

Die Kennzahl ist ein indirekter Indikator für das Know-how des Produktionspersonals. Hier ist auch die innerbetriebliche Schulung einzubeziehen, i. d. R. jedoch nicht der Aufwand für die Auszubildenden und Praktikanten. Die Schulung umfasst ferner die Weiterbildung von Produktionsmitarbeitern und -mitarbeiterinnen in Montagelernräumen und Montage-Assessment-Centern. Der Aufwand kann alternativ auch auf die Gesamtkosten oder die Personalkosten eines Bereichs bezogen werden. Die Kennzahl sagt nichts aus über die Qualität der Weiterbildung. Ferner bleibt der Innovationsaspekt unberücksichtigt. Hier ist gegegenenfalls eine Beschränkung der Kennzahl auf neue Technologien, Methoden und Verfahren angebracht.

Maßnahmen

- Erhöhen der Schulungseffizienz z. B. durch E-Learning
- Erfolgskontrolle der Schulungsmaßnahmen
- Schulung in internetunterstützten Geschäftsprozessen
- ERP-Schulung on the Job durch Key User

6.6 Fluktuationsrate Produktion

Formel

$$\frac{\text{Abgänge der Produktionsmitarbeiter}}{\text{Anzahl Vollzeitmitarbeiter}} \times 100\,\%$$

Beispiel (2.8 / T33)

$$\frac{3}{26} \times 100\,\% = 11,5\,\%$$

Erläuterung

Die Fluktuationsrate ist ein Indikator für Motivationsdefizite der Mitarbeiter und für falsche Führungstechnik der Leitungsinstanzen. Die Kennzahl kann ferner auf Organisationsdefizite und ungenügende Anreizsysteme hinweisen. Erfahrungsgemäß sinkt die Fluktuationsrate in selbstorganisierten Produktionssystemen mit höherer Kompetenz und Verantwortung. Eine geringe Fluktuationsrate senkt die Einarbeitungskosten, verringert aber die Chancen, externes Know-how zu erhalten. Der Nutzen der Kennzahl liegt somit vor allem im Hinweis auf organisatorische Defizite.

Maßnahmen

- Arbeitsorganisation mit hoher Eigenverantwortung und Kompetenz der Mitarbeiter
- Einführung von selbstorganisierten Produktionssystemen (Fertigungssegmente)
- Einführung von Profit Centern mit Erfolgsbeteiligung
- Zielorientierte Personal- und Laufbahnentwicklung

6.7   Deckungsbeitrag pro Mitarbeiter

Formel

> Jahresdeckungsbeitrag des Bereichs
> ──────────────────────────────
> Anzahl Fertigungsmitarbeiter

Beispiel (2.1/T1)

$$\frac{6.000 \times (1.200 - 600)}{26} = 138.000 \ \text{€}$$

Erläuterung

Die Kennzahl nimmt den Deckungsbeitrag eines Bereichs und setzt ihn in Relation zu den dort arbeitenden Vollzeitmitarbeitern. Ein hoher Deckungsbeitrag pro Mitarbeiter ist ein Maßstab für die Personalprofitabilität, ist aber nur im Branchenvergleich aussagefähig. Die Kennzahl ist bevorzugt für das gesamte Unternehmen gebräuchlich. Die Top-down-Ermittlung der Kennzahl erfolgt dann aus dem Betriebsergebnis (siehe 3.14).

Ihr Einsatz für Teilbereiche erlaubt auch dort Profitabilitätsaussagen, wo keine marktbezogenen Erlöse vorliegen. Die Zurechnung dieser Erlöse ist problematisch, kann aber mithilfe von Verrechnungspreisen oder Zielpreisen gelöst werden (siehe 5.13). Teilzeitpersonal ist in Vollzeitäquivalente umzurechnen.

Maßnahmen

- Beschäftigungssteigerung durch flexible Schichtmodelle
- Steigerung von Kompetenzen und Verantwortung
- Kundenorientierung der Produktion
- Einführung von Profit Centern mit Erfolgsbeteiligung

6.8 Personenbedingte Ausfallrate

Formel

$$\frac{\text{Ausfallzeiten}}{\text{Anwesenheitszeiten} + \text{Ausfallzeiten}} \times 100\,\%$$

Beispiel (2.8/T33)

$$\frac{2.300}{40.000} \times 100\,\% = 5{,}75\,\%$$

Erläuterung

Ausfallzeiten entstehen durch unentschuldigtes Fehlen, Krankheit und Unfälle. Ausfallzeiten beeinflussen das Betriebsergebnis durch entgangene Deckungsbeiträge und Folgekosten. Hohe Ausfallzeiten können ein Indikator für Schwachstellen in der Personalführung und der Arbeitsorganisation sein. Durch ausfallbedingte Stillstände von Maschinen und Anlagen entstehen oft hohe Leerkosten. Die Personaleinsatzplanung hat sich deshalb an den Maschinenkapazitäten zu orientieren. Der Mitarbeiter ist in die Einsatzplanung verantwortlich einzubinden. Die damit einhergehenden höheren Lohnkosten sind vernachlässigbar im Vergleich zu den Nutzungsvorteilen. Ein aktives Health Management informiert im Mitarbeiterportal über Präventionsprogramme.

Maßnahmen

- Arbeitsorganisation mit hoher Eigenverantwortung und Kompetenz der Mitarbeiter
- Einführung von selbstorganisierten Produktionssystemen (Fertigungssegmente)
- Einführung von Profit Centern mit Erfolgsbeteiligung
- Ausfallorientierter Prämienlohn
- Aktives Health Management im Unternehmen

6.9 Verbesserungvorschlagsrate

Formel

$$\frac{\text{Vorschläge pro Jahr}}{\text{Anzahl Vollzeitmitarbeiter}}$$

Beispiel (2.8/T33)

$$\frac{60}{26} = 2,3$$

Erläuterung

Die Kennzahl ermittelt die Anzahl der Vorschläge, die über betriebliche Knowledge-Management-Systeme (KAIZEN, KVP usw.) von den Mitarbeitern generiert werden. Die Kennzahl dient als Benchmark zur Aktivierung der Wissensbasis im Unternehmen mit Auswirkungen auf die Stellung der Produkte im Produktportfolio. Eine hohe Vorschlagsrate trägt zur laufenden Rationalisierung der Fertigungsprozesse bei und verkürzt die Time to Market neuer Produkte (siehe 6.2). Realisiert wird dies durch KAIZEN-Teams auf allen Ebenen der Hierarchie, aber auch durch crossfunktionale Teams. Die organisatorischen Voraussetzungen sind geeignete Evaluierungsinstanzen im Unternehmen und ein objektives Anreizsystem.

Maßnahmen

- Evaluierung und Honorierung von Verbesserungsvorschlägen
- Systematische Organisation des Ideenfindungsprozesses
- IT-Einsatz (Knowledge-Management-Systeme, teamunterstützende IT)

Kapitel 7

Kennzahlen im Supply Chain
Management (SCM)

7.1 Auftragsdurchlaufzeit SCM

Formel

> Durchlaufzeit Source
> + Durchlaufzeit Make
> + Durchlaufzeit Deliver
>
> = **Auftragsdurchlaufzeit SCM**

Beispiel (2.9/T35)

Auftragsdurchlaufzeit SCM
(vom 29.7. Di bis 7.8. Do bei 2 Nichtarbeitstagen) = 9 − 2 = 7 Arbeitstage

Erläuterung

Die Kennzahl erfasst die Durchlaufzeit vom Erkennen des Bedarfs in der Lieferkette über die Materialbereitstellung beim Lieferanten (Source), die Herstellung (Make) bis zur erfolgten Anlieferung beim Endkunden (Deliver). Die Durchlaufzeit wird in Arbeitstagen gemessen.

Eine kurze Durchlaufzeit in der Lieferkette verschafft allen beteiligten Unternehmen Wettbewerbsvorteile. Die unternehmensübergreifende Kooperation im SCM legt dabei Optimierungspotenziale frei, die bei isolierter Betrachtung nicht erkennbar sind.

Maßnahmen

- Verbessern der Transparenz über vorhandene Bestände in der Lieferkette
- Vermeiden von Lieferengpässen durch kooperative Bedarfs- und Kapazitätsplanung
- Strategie des Efficient Consumer Response (ECR)
- Einsatz von SCM-Planungssoftware
- Anwendung von Strategien zur Durchlaufzeitverringerung

7.2   Termintreue SCM

Formel

$$\frac{\text{Anzahl termingerecht ausgelieferter Aufträge}}{\text{Gesamtzahl der Aufträge}} \times 100\,\%$$

Beispiel (2.9/T36)

Termintreue: $\dfrac{1}{4} \times 100\,\% = 25\,\%$ (zu früh geliefert wird hier als nicht termingerecht gewertet)

Terminabweichung: $\dfrac{5\ (8.8.\ \text{statt}\ 1.8.\ \text{bei}\ 2\ \text{Nichtarbeitstagen}) + 3\ (1.8.\ \text{statt}\ 29.7.) + 1\ (31.7.\ \text{statt}\ 1.8.)}{4} = 2{,}25$ Arbeitstage

Erläuterung

Die Kennzahl bemisst die Termintreue der in der Lieferkette abgearbeiteten Aufträge (Kunden-, Produktions-, Bestell- und Transportaufträge). Die Termineinhaltung entsteht im Zusammenwirken der Instanzen der Lieferkette, üblicherweise in überbetrieblichen SCM-Teams. Eine hohe Termintreue erhöht die Kundenzufriedenheit, die Kundenbindung und die Wettbewerbsfähigkeit der beteiligten Unternehmen. Ferner erhöht sich die Planungssicherheit in der Lieferkette. Übliche Hilfsmittel zur Terminplanung sind die lokalen ERP-Systeme und die übergeordnete SCM-Planungssoftware. Zu früh gelieferte Aufträge können möglicherweise Störgrößen in der Logistikplanung sein. Trifft dies zu, gelten solche Aufträge nicht als termingerecht geliefert.

Die Termintreue kann alternativ auch als durchschnittliche Terminabweichung erhoben werden.

Maßnahmen

- Kooperative Termin- und Kapazitätsplanung
- Vermeiden von Engpässen (Bottlenecks) bei Kapazitäten
- Offenlegen verfügbarer Materialien und Kapazitäten gegenüber den Lieferkettenpartnern
- Einsatz von SCM-Software

7.3 ATP-Menge SCM

Formel   **Beispiel (2.9/T37)**

	lieferkettenübergreifender Bestand	1.000 + 2.000 + 500
+	Zugänge	+ 600
−	Bedarfe	− 2.500
=	**ATP-Menge SCM**	**= 1.600 Stück**

Erläuterung

Die Kennzahl ermittelt für einen bestimmten Artikel oder eine Baugruppe die im Planungshorizont verfügbare Menge in der gesamten Lieferkette. Die ATP-Menge ist die Grundlage für ein Lieferversprechen gegenüber den Kunden. Zugänge durch Fertigungsaufträge, Bestellungen, Retouren und Abgänge durch Kundenaufträge, Lieferungen, Reservierungen sind lieferkettenübergreifend zu berücksichtigen. Die Kennzahl setzt eine funktionierende und aktuelle Bestandsführung in den lokalen ERP-Systemen voraus. Der Zugriff auf Bestandsdaten wird durch einen Zugang auf die ERP-Systeme der Geschäftspartner oder durch Aggregation der lokalen Bestandsdaten durch die SCM-Software ermöglicht.

Maßnahmen

- Zugriff auf die Bestandszahlen für die an der Lieferkette beteiligten Unternehmen
- Meldung verfügbarer Bestände an die SCM-Planung
- Verbesserung der lokalen Bestandsverwaltung im ERP-System
- Auflösung von Hidden Inventories
- Einsatz verbesserter Vorhersagemethoden

7.4   Working Capital SCM

Formel

> Bestände in der Supply Chain
> − kurzfristige Verbindlichkeiten aus Lieferungen / Leistungen
>
> = **Working Capital SCM**

Beispiel (2.9 / T38)

105.000 + 300.000 + 30.000 − 30.000 = 405.000 €

Erläuterung

Die Kennzahl steht für die Kapitalbindung an Materialien in der Lieferkette abzüglich der kurzfristigen Verbindlichkeiten aus Lieferungen und Leistungen. Sie ist Ausdruck für das in Materialien gebundene Kapital und wesentliche Bestimmungsgröße der Kapitalrendite in den beteiligten Unternehmen.

In der Lieferkette werden die Lagerbestände über alle Partnerunternehmen betrachtet. Diese sind aus den im lokalen ERP-System verwalteten Beständen durch Aggregation errechenbar. In einem fortgeschrittenen Zustand der SCM-Anwendung ist auch die Umschlagshäufigkeit (siehe 5.40) als Benchmark zu empfehlen.

Maßnahmen

- Einsatz von Pull-Methoden zur Bestandssenkung (Kanban, Just in Time)
- Production on Demand
- Lieferantengetriebene Bestandsführung (VMI)
- Cross Docking
- Vermeiden eines unnötigen Bestandsaufbaus in der Lieferkette durch falsche Absatzprognosen (Bullwhip-Effekt)
- Anwenden des Hub-and-Spoke-Prinzips bei der Belieferung

7.5   Kooperationsintensität SCM

Formel

$$\frac{\text{Anzahl Kooperationsprojekte in der Lieferkette}}{\text{Jahreserlös in Millionen}}$$

Beispiel (2.1/T1 und 2.9/T34)

$$\frac{8}{7,2 \text{ Mio.}} = 1,11 \text{ Projekte pro Mio. Erlös}$$

Erläuterung

Die Kennzahl ist eine Benchmark für die Kooperation in der Lieferkette. Sie ermittelt sich aus der Zahl der Projekte mit den SCM-Partnern. Bezugsgröße ist der Jahreserlös, alternativ das bewertete Warenvolumen in der Lieferkette. Durch kooperative Projekte wird der Grundstein gelegt für die Erschließung der SCM-Potenziale. Die Kooperationsintensität wird durch Kooperationsteams, IT-Schnittstellen zum standardisierten Datenaustausch und durch IT-Unterstützung logistischer Funktionen zwischen Source, Make und Deliver bestimmt. Kennzeichen einer hohen Kooperationsintensität ist ferner der fortgeschrittene Einsatz von B2B-Geschäftsprozessen.

Maßnahmen

- Kooperative Produktentwicklung mit Kunden und Lieferanten
- Kooperative Bedarfs-, Kapazitäts-, Transport- und Lagerplanung
- Abstimmung der IT-Systeme
- Unternehmensexterner Zugang zu den lokalen ERP-Systemen
- Verbesserung der Funktionalität der SCM-Software

7.6   Servicegrad SCM

Formel

$$\frac{\text{Anzahl erfolgreicher Lieferversprechen}}{\text{Gesamtzahl der Lieferungen}} \times 100\,\%$$

Beispiel (2.9 / T36)

$$\frac{1}{4} \times 100\,\% = 25\,\%$$

Erläuterung

Die Kennzahl drückt aus, welchen Anteil die erfolgreichen Lieferungen an der Gesamtzahl der Anfragen bzw. Kundenaufträge an die Lieferkette hat. Sie wird auch als Erfüllungsgrad bezeichnet. Erfolgreich ist ein Lieferung, wenn Menge, Preis, Termin und Qualität den Sollvorgaben entsprechen. Lieferversprechen können in der Lieferkette von Lieferanten, Herstellern und Endkunden abgegeben werden.

Maßnahmen

- ATP-Prüfung bei Lieferanten, Herstellern und Kunden durch IT-Zugang auf die unternehmensspezifischen ERP-Systeme
- Auditierung von Lieferanten
- Einsatz verbesserter Prognosemethoden in der Bedarfsplanung
- Verstärkung von B2B-Beziehungen mit Lieferanten und Kunden
- Verringerung der Lieferantenanzahl

7.7   Mengenabweichung SCM

Formel

$$\frac{\Sigma \, (\text{Istmenge} - \text{Sollmenge})}{\Sigma \, \text{Sollmenge in der Lieferkette}} \times 100\%$$

Beispiel (2.9/T39)

Mengenabweichung: $\dfrac{(-1.000 - 500 + 0)}{34.000} \times 100\% = -4,4\%$

Mengenabweichung pro Lieferung: $\dfrac{-1.500}{130} = -11,5$ Stück

Erläuterung

Die Kennzahl erfasst die prozentuale Mengenabweichungen der Aufträge und Bestellungen zwischen erstens Source und Make, zweitens Make und Deliver und drittens zwischen Deliver und Source. Sie können auf eine konkrete Lieferkette, auch auf einzelne Lieferanten, Hersteller, Endkunden wie auch auf Baugruppen bzw. Produkte detailliert werden. Der Wert lässt sich alternativ auf die Zahl der Lieferungen beziehen.

Mengenabweichungen sind Störgrößen der Bedarfsplanung und der Produktionsplanung in der Lieferkette. Sie können auch Folge des Bullwhip-Effekts sein. Durch Austausch von Bedarfs- und Bestandsinformationen in der Lieferkette erübrigt sich jedoch die Verwendung hoher Sicherheitszuschläge als Hauptursache dieses Effekts.

Maßnahmen

- Abstimmung der Bedarfs-, Programm- und Lieferplanung
- Optimierung der ATP-Prüfung
- Aktuelle Bestands- und Bedarfsinformationen für alle Lieferkettenpartner

7.8   Supply-Chain-Kosten

Formel	Beispiel (2.9 / T34)
Planungskosten	120.000
+ Lagerkosten	+ 80.000
+ Transportkosten einer Supply Chain	+ 140.000
= Supply-Chain-Kosten	**= 340.000 € / Jahr**

Erläuterung

Die Funktionen des SCM überschneiden sich mehr oder weniger mit den bereits bestehenden innerbetrieblichen logistischen Funktionen. Die Kennzahl kann vorzugsweise für ein konkretes SCM-Vorhaben bzw. eine SCM-Strategie ermittelt werden. Die entstehenden SCM-Kosten bestehen vor allem aus Kosten für die Netzwerkplanung, die übergeordnete Bedarfsplanung, Bestandsplanung, Kapazitätsplanung und Transportplanung, ferner aus den Kosten für SCM-Software und Hardware.

Transport- und Lagerkosten fallen an den Schnittstellen von Source zu Make, Make zu Deliver und Source zu Deliver an. Diesen kommt angesichts der logistischen Prozesse in der Lieferkette eine besondere Bedeutung zu.

Die Abgrenzung zu den internen Kosten der beteiligten Unternehmen ist allerdings schwierig, da sich lokale Prozesse und SCM-Prozesse überlagern.

Maßnahmen

- Hub-and-Spoke-Prinzip zur Verringerung der Transportbeziehungen
- Synchronisation der Transportaufträge und Transportmittel
- Kooperative Nutzung der Transportkapazitäten
- Planung der Transportkapazitäten mithilfe der SCM-Software

7.9 Kapazitätsauslastung SCM

Formel

$$\frac{\text{Istauslastung Kapazitätsgruppen}}{\text{verfügbare Kapazität}} \times 100\,\%$$

Beispiel (2.9/T40)

$$\frac{83.500}{90.000} \times 100\,\% = 92,8\,\%$$

Erläuterung

Im SCM werden vorzugsweise Kapazitätsgruppen statt Einzelmaschinen beplant. Die hohe und gleichmäßige Auslastung dieser Gruppen ist ein wesentliches Planungsziel in der Lieferkette und Merkmal eines wirtschaftlichen Ressourceneinsatzes. Damit werden Leerkosten (ungedeckte Fixkosten) vermieden und das operative Ergebnis der SC-Komponenten verbessert. Die langfristige Kapazitätsplanung in der Lieferkette vermeidet eine ungleichmäßige Belastung der Ressourcen. Hierzu liefern die lokalen ERP-Systeme verfügbare Kapazitäten der Gruppen an die SCM-Planungsinstanzen. Vor Beginn des Planjahres ist die Planauslastung aufgrund der erwarteten Auftragslage und nach Ablauf des Jahres die realisierte Istauslastung zu ermitteln.

Maßnahmen

- Kooperative Kapazitätsplanung gemeinsam mit Lieferanten und Kunden
- Aktivierung von unternehmensfremden Ressourcen
- Production on Demand, Packaging on Demand
- Postponing-Strategien

Kapitel 8

Kennzahlenermittlung

8.1   Kennzahlenermittlung im ERP-System

Leistungsfähige ERP-Systeme enthalten Informationssysteme, mit denen Kennzahlen generiert und ausgewertet werden können. Diese Kennzahlen basieren auf den Daten der Geschäftsprozesse. Die operativen Daten werden vom ERP-System ausgelesen und in sogenannte Infocubes eingestellt.
Vom Anwender können dieses Infocubes ausgewertet und als Berichte ausgegeben werden. Diese Analyse wird als OLAP (Online Analytical Processing) bezeichnet. Sie stellt ein unerlässliches Hilfsmittel für die rationale Kennzahlenermittlung dar.

Die Nutzung des ERP-Systems für eine einfache OLAP-Analyse soll am Beispiel gezeigt werden.

Für die Werke eines Unternehmens (Hamburg, Köln) und die dort produzierten Produkte (Pumpen, Deckel, Getriebe) soll die Kennzahl Durchlaufzeit in definierten Zeiträumen (2007, 2008, 2009) als Analyse definiert werden. Die Analyse ist in einem so genannten Infocube darstellbar (Bild 6).

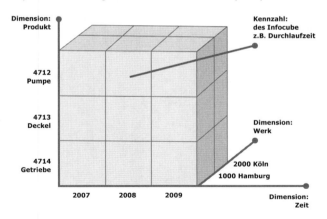

Bild 6: Suchbereich (Infocube) einer Kennzahlenanalyse

8.1   Kennzahlenermittlung im ERP-System

Nachdem der Abfragebereich mit den Dimensionen des Infocubes definiert ist, erfolgt die Auswahl der gewünschten Kennzahlen aus dem im ERP-System angebotenen Kennzahlenvorrat.

Das Ergebnis wird als Kennzahlenbericht vom ERP-System unmittelbar danach angezeigt, vorzugsweise in einem EXCEL-Datenblatt.

A	B	C	D
Werk	**Produkt**	**Jahr**	**Durchlaufzeit in Arbeitstagen**
Hamburg	Getriebe	2009	2,5
	Pumpen	2009	4
	Deckel	2009	1,3
Köln	Getriebe	2009	3,5
	Pumpen	2009	6
	Deckel	2009	1,5

Bild 7: Kennzahlenbericht (Beispiel)

Die Auswertung kann i.d.R. bis auf den einzelnen Auftrag detailliert werden (drill down).

8.2 Kennzahlenermittlung im Data Warehouse

Neben ERP-Systemen werden zunehmend Data Warehouses zur Kennzahlenermittlung und -auswertung eingesetzt. Diese sind leistungsfähiger, flexibler und können alle Arten von Quelldaten auswerten. Das Unternehmen erhält damit ein mächtiges Instrument, allerdings verbunden mit einem höheren Aufwand für Lizenzen, Schulung und Betreuung. Die Funktionsweise ist z. B. in Bauer / Hayessen dargestellt.

Mit dem Data Warehouse können die operativen Daten des ERP-Systems sowie auch Daten von Fremdsoftware – wie z. B. von Office-Systemen – ausgewertet werden. Diese Quelldaten werden in das Data Warehouse geladen, extrahiert, transformiert und dann als Infocube gespeichert. Die Auswertung erfolgt z. B. mit einem EXCEL-basierten Abfragetool.

Der Anwender kann dabei aus einem generierten multidimensionalen Informationswürfel für ihn interessante Dimensionen ausschneiden und Kennzahlen aus einem Vorrat auswählen und dann Reports zusammenstellen.

Durch Data Mining-Werkzeuge lassen sich ferner neue Zusammenhänge zwischen den Daten (z. B. Korrelationen zwischen Herstellern von Maschinen und Ausfallraten) ermitteln und in Maßnahmen umsetzen.

Data Warehouses werden von einer Reihe von Softwareunternehmen angeboten, so z. B. von der SAP AG.

8.2 Kennzahlenermittlung im Data Warehouse

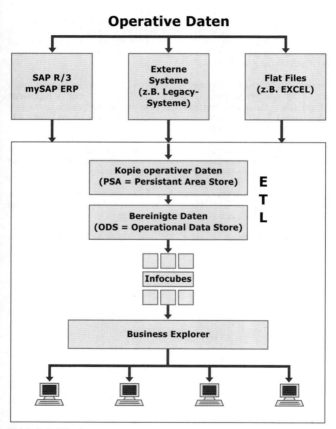

Bild 9: Data Warehouse

Stichwortverzeichnis

Stichwortverzeichnis

Stichwortverzeichnis

Stichwortverzeichnis

Glossar

Begriff	Definition
APS	Advanced Planning Systems, verfeinerte Methoden in der Lieferkettenplanung
ASP	Application Service Provider (Auslagerung kompletter Anwendungen an Provider)
ATP	Available to Promise, Lieferfähigkeit in der Supply Chain
Balanced Scorecard	Methode zur Strategieentwicklung und -durchsetzung
BDE	Betriebsdatenerfassung
BI	Business Intelligence (intelligentes Reporting)
BOA	Belastungsorientierte Auftragsfreigabe
BPI	Business Process Improvement, evolutionäre Verbesserung von Geschäftsprozessen
BPR	Business Process Reengineering, Neugestaltung von Geschäftsprozessen
B2B	Business to Business (elektronische Geschäftsbeziehungen zwischen Unternehmen)
Bullwhip-Effekt	Programmsteigerungen des Nachfragers werden bis zum Lieferanten stark vergrößert
Business Explorer	EXCEL-basiertes Reportingtool im BW der SAP AG
Conjoint-Analyse	Analyse zur Nutzenoptimierung von Produkten
Constraint Management	Kapazitätsplanung von Engpassmaschinen
Cost Driver	Kostenbezugsgröße, Maßstab zur Leistungsermittlung
CRM	Customer Relationship Management (Kundenbeziehungsmanagement)
Cross Docking	Weiterleitung von Material ohne Einlagerung
Data Mart	funktionsbezogenes (z. B. Einkauf) Data Warehouse

Glossar

Data Mining	Suche nach unbekannten Beziehungen zwischen den Daten eines Data Warehouses
Data Warehouse	System zur Erfassung, Strukturierung und Auswertung von Unternehmensdaten
DBMS	Data Base Management, Verwaltung von Unternehmensdaten
Deliver	Synonym für Kunden in der Lieferkette
Economies of Scale	wirtschaftliche Effekte durch Mengenerhöhung
Economies of Scope	wirtschaftliche Effekte durch Differenzierung
EDI	elektronischer Datenaustausch von Geschäftsdaten
EDIFACT	UN-Standard zum elektronischen Austausch von Geschäftsdaten
Efficient Consumer Response	Methoden zur Steigerung der Wertschöpfung durch Kooperation zwischen Handel und Herstellern
Electronic Kanban	Materialversorgung im Hol-Prinzip durch Internetzugriff auf Kanban-Boards
E-Claims	Beschwerdemanagement über das Internet
E-Sales	Vertriebskanal über das Internet
Employee Self Service	Personalanwendungen mithilfe des Firmenportals (Intranet)
E-Procurement	B2B-gestützter Einkauf
ERP	Enterprise Resource Planning (Software zur Unternehmenssteuerung)
ETL	Extrahieren, Transformieren und Laden in ein Data Warehourse
Hub and Spoke	Distributionsprinzip mit Belieferung der Nachfrager vom Zentrallager (Hub) aus
Industriepark	Lager der Lieferanten am Produktionsstandort des Kunden

Glossar

JIS	Just in Sequence (Anlieferung synchron zur Produktionsreihenfolge)
JIT	Just in Time (bedarfssynchrone Anlieferung)
KAIZEN	Methode zur kontinuierlichen Verbesserung
Kanban	Materialversorgung im Hol-Prinzip durch Karten (Kanbans)
KMU	kleine und mittlere Unternehmen
KVP	Kontinuierlicher Verbesserungsprozess
Lead Management	Maßnahmen zum Erkennen potenzieller Neukunden und deren Wünsche
Make	Synonym für Produzenten in der Lieferkette
Make to Order	kundenbezogene Fertigung
Make to Stock	Lagerfertigung (kundenanonyme Fertigung)
Mass Customization	kundenindividuelle Massenfertigung
OLAP	Online Analytical Processing, Onlineanalyse eines multidimensionalen Infocubes
One Piece Flow	Komplettproduktion in einer Aufspannung
Opportunity Management	Kontaktieren und werbliches Bearbeiten der im Lead Management erkannten potenziellen Neukunden
Packaging on Demand	Verpackung im Pull-System (Impuls durch Kunden)
PIMS	Profit Impact of Market Strategies, Datensammlung über die ROI-Relevanz
Portal	webbasierte Integrations- und Präsentationsplattform
Postponing-Strategie	Produktfestlegung (Form, Farbe usw.) so spät wie möglich (Variantenbestimmung)
Production on Demand	Fertigung im Pull-System (Impuls durch Kunden)

Glossar

PVB	Produktionsversorgungsbereich bei Kanban
REFA-Studie	Zeitstudie nach REFA
SCC	Supply Chain Council (Non-Profit-Organisation zur Supply-Chain-Förderung)
SCM	Supply Chain Management (Lieferkettenmanagement)
SCOR	Referenzmodell (Planungsmodell) des Supply Chain Councils
SGE	strategische Geschäfteinheit
Simultaneous Engineering	Aufgaben in Teilaufgaben zerlegen, um diese parallel abzuarbeiten
Source	Synonym für Lieferanten in der Lieferkette
TCO	Total Cost of Ownership, Gesamtkosten eines Systems
VMI	Vendor Managed Inventory (lieferantengetriebene Lagerhaltung)
WOP	werkstattorientierte CNC-Programmierung (an der Maschine)

Literaturverzeichnis

Bauer, J.	»Produktionscontrolling und -management mit SAP® ERP«, Wiesbaden, 2008
	»Value Based Production«, Controller Magazin, 5/2004
	»Shop Floor-Controlling – Prozessorientiertes Controlling zur Sicherung einer wettbewerbsfähigen Produktion«, FB/IE, 1/2002
Bauer, J., Hayessen, E.	»Controlling für Industrieunternehmen«, Wiesbaden, 2006
Bichler, K.	»100 Logistikkennzahlen«, Wiesbaden, 2007
Brown, S.	»Manufacturing the Future«, London, 2000
Buxmann, P. et al.	»Zwischenbetriebliche Kooperation mit mySAP.com«, Berlin u.a., 2003
DGQ	»Qualitätskennzahlen und Qualitätskennzahlensysteme«, 1984
Hammer, M., Stanton, S. A.	»Die Reengineering Revolution«, Frankfurt/M, New York, 1995
Horvath, P.	»Controlling«, 6. Auflage, München, 1996
	»Produktionscontrolling« in: »HWB der Produktionswirtschaft«, 1996
Kaplan, R., Norton, D.	»Balanced Scorecard«, Boston, 1996
Klingler, U.	»100 Personalkennzahlen«, cometis publishing, 2005
Porter, M.	»Wettbewerbsstrategie«, Frankfurt am Main, 1992
Rappaport, A.	»Shareholder Value«, Stuttgart, 1998
Reichmann, T.	»Controlling mit Kennzahlen und Managementberichten«, München, 2001
Stephens, S.	»Supply Chain Operations Reference (SCOR) & Model Overview«, www.supply-chain.org

Literaturverzeichnis

Weber, J.	»Logistik- und Supply Chain Controlling«, Stuttgart, 2002
Wiehle, U., Diegelmann, M., Deter, H., Schömig, P. N., Rolf, M.	»100 Finanzkennzahlen«, 3. Auflage, Wiesbaden, 2008
	»Unternehmensbewertung«, Wiesbaden, 2005
Wildemann, H.	»Produktionscontrolling. Systemorientiertes Controlling schlanker Unternehmensstrukturen«, München, 1997
	»Die modulare Fabrik«, München, 1994
Witt, F. J.	»Werttreiberkonzepte in der Controllingpraxis«, Controller Magazin, 4/2002

Impressum

© cometis publishing GmbH & Co. KG
Unter den Eichen 7, 65195 Wiesbaden
Alle Rechte vorbehalten.

1. Auflage 2009

Konzeption:
Ulrich Wiehle
Prof. Jürgen Bauer
Prof. Dr. Egbert Hayessen

Autoren:
Prof. Jürgen Bauer
Prof. Dr. Egbert Hayessen

Cover:
cometis publishing GmbH & Co. KG
Fotolia 6161023

Projektleitung:
Ulrich Wiehle

Verantwortlich:
cometis publishing GmbH & Co. KG
Unter den Eichen 7
65195 Wiesbaden

Tel.: 0611 / 205855-0
Fax: 0611 / 205855-66

Mail: info@cometis.de

www.cometis.de
www.cometis-publishing.de

Die Autoren

Prof. Jürgen Bauer ist Dozent für ERP-Grundlagen und SAP®-Anwendungen in Produktion, Logistik und Controlling an den Hochschulen Wiesbaden und Fulda.

Prof. Dr. Egbert Hayessen ist Dozent für Controlling an der Rhein-Main-Hochschule in Wiesbaden.

Beide Autoren verfügen über umfangreiche Erfahrungen im Produktions- und Projektmanagement.

Leseprobe

Leseprobe:
100 Finanzkennzahlen

Eigenkapitalquote

Formel

$$\frac{\text{Eigenkapital}}{\text{Gesamtkapital}} \times 100\%$$

Rechenbeispiel

$$\frac{5.493}{10.134} \times 100\% = \mathbf{54{,}20\%}$$

Erläuterung

Die Eigenkapitalquote beschreibt die Beziehung zwischen Eigen- und Gesamtkapital. Je mehr Eigenkapital ein Unternehmen zur Verfügung hat, desto besser ist in der Regel die Bonität eines Unternehmens, desto höher ist die finanzielle Stabilität und desto unabhängiger ist das Unternehmen von Fremdkapitalgebern. Da Eigenkapital jedoch teurer ist als Fremdkapital (vgl. auch WACC, S. 131) belastet eine hohe Eigenkapitalquote die Rendite auf das eingesetzte Kapital. Für die Berechnung des Gesamtkapitals kann entweder die Bilanzsumme oder aber, wie von Finanzanalysten insbesondere für die Berechnung der Kapitalkosten üblich, nur die Summe aus Eigenkapital und zinstragendem Fremdkapital genommen werden.

Vorteile	Nachteile
• Stellt Art und Zusammensetzung des Kapitals dar	• Stark branchen- und bewertungsabgängig
• Einfach zu ermitteln	• Stille Reserven schmälern den tatsächlichen Wert des Eigenkapitals
• Dient zur Ermittlung der Verschuldung (Fremdkapitalquote) und lässt Rückschlüsse über die Stabilität eines Unternehmens zu	• Bilanzielle Werte stehen heute zunehmend den häufig genutzten Marktwerten gegenüber (z.B. Nutzung der Marktkapitalisierung anstelle des bilanziellen Eigenkapitals für Errechnung der Kapitalkosten)
• Im Industrievergleich hilfreich als Indikator für die relative, finanzielle Stärke eines Unternehmens	

Kundenreichweite

Formel

$$\frac{\text{Anzahl erreichter Kunden}}{\text{Anzahl möglicher Kunden}} \times 100$$

Praxisbeispiel

$$\frac{35.000 \text{ (Haushalte)}}{150.000 \text{ (mögliche Haushalte)}} \times 100 = 23,33\%$$

Ein Telekommunikationsunternehmen in einer Region mit einer möglichen Kundenreichweite von 150.000 Haushalten errechnet für sich, dass er bereits 35.000 Kunden erreicht hat. Dies entspricht einer Kundenreichweite von 23,33 %.

Erläuterung

Die Kennzahl Kundenreichweite gibt an, wie viele Kunden von den möglichen Kunden tatsächlich erreicht worden sind. Wichtig ist in diesem Zusammenhang die Wahl der richtigen Bezugsgröße. So würde es für einen in einem Dorf gelegenen Einzelhändler keinen Sinn machen, die Grundgesamtheit der Bevölkerung in der Region als Bezugsgröße zu wählen. Prinzipiell wäre dies nicht falsch, dennoch sollte hier eine zielgruppenspezifischere Auswahl getroffen werden. Des Weiteren kann die Kundenreichweite für bestimmte Vertriebslinien oder einzelne Produkte berechnet werden. Diese Berechnung gibt wiederum Aufschluss über die richtige Zusammensetzung des Sortiments und kann so zur Optimierung beitragen.

Vorteile	Nachteile
• Zeigt das Ausschöpfungspotenzial im Einzugsgebiet auf • Kann als Indikator für den Erfolg von Marketingmaßnahmen herangezogen werden	• Aufwendig zu ermitteln (über Mafo) • Aussagekraft ergibt sich nur über Vergleiche (z. B. Zeitreihe, Wettbewerb, Zielgröße) • Kennzahl muss häufig in Verbindung zur Anzahl vom Kunden besuchter verschiedener Einkaufsstätten bzw. verwendeter Produkte gesehen werden

Leseprobe:
100 Personalkennzahlen

Durchschnittlicher Personalaufwand

Formel

$$\frac{\text{Personalaufwand}}{\text{Summe Vollzeitäquivalente}}$$

Rechenbeispiel

$$\frac{2.453 \text{ Mio. €}}{46.000} = \textbf{53.326€}$$

Erläuterung

Der durchschnittliche Personalaufwand bezieht sich auf die durchschnittlichen Gesamtpersonalkosten pro Vollzeitäquivalent. Diese enthalten neben dem Gehalt auch sonstige Zuwendungen, variable Entlohnung (Boni), Lohnnebenkosten sowie Sozialabgaben des Arbeitgebers. Diese Kennzahl ist insbesondere im Branchenvergleich interessant, da ein hoher Personalaufwand alleine nichts über die Effektivität aussagt. Im internationalen Vergleich sind hohe Abweichungen möglich, was zum Beispiel auf unterschiedliche Lohnniveaus oder Sozialversicherungssysteme zurückzuführen ist.

Vorteile	Nachteile
• Einfach zu ermitteln aus dem Geschäftsbericht	• Aus öffentlichen Quellen durch länderspezifische Unterschiede oft ungenau, daher intern zu ermitteln
• Gibt im Vergleich der Jahre wichtige Hinweise auf die Personalkostenentwicklung	
• Lässt Rückschlüsse auf die Positionierung der Gesamtentlohnung des Unternehmens mit direkten Wettbewerbern zu	• Die Kennzahl beinhaltet eine gewisse Ungenauigkeit (z. B. durch Sozialabgaben oder Kosten für Überstunden)